HISTÓRIAS DA AIDS

HISTÓRIAS DA AIDS

ARTUR TIMERMAN | NAIARA MAGALHÃES

autêntica

EDITORA RESPONSÁVEL
Rejane Dias

EDITORA ASSISTENTE
Cecília Martins

REVISÃO
Aline Sobreira

CAPA
Diogo Droschi
(sobre imagem de
Stock photo © Brasil2)

DIAGRAMAÇÃO
Jairo Alvarenga Fonseca

Dados Internacionais de Catalogação na Publicação (CIP)
(Câmara Brasileira do Livro, SP, Brasil)

Timerman, Artur
Histórias da AIDS / Artur Timerman, Naiara Magalhães. – Belo Horizonte : Autêntica Editora, 2015.

ISBN 978-85-8217-626-9

1. Agentes antirretrovirais 2. AIDS (Doença) - Aspectos psicológicos 3. AIDS (Doença) - Diagnóstico 4. AIDS (Doença) - História 5. AIDS (Doença) - Pacientes - Relações com a família 6. AIDS (Doença) - Tratamento 7. Médico e paciente 8. Relatos I. Magalhães, Naiara. II. Título.

15-04851 CDD-616.9792
NLM-WD 308

Índices para catálogo sistemático:
1. AIDS : Aspectos sociais : Medicina 616.9792

Belo Horizonte
Rua Aimorés, 981, 8° andar . Funcionários
30140-071 . Belo Horizonte . MG
Tel.: (55 31) 3214 5700

Televendas: 0800 283 13 22
www.grupoautentica.com.br

São Paulo
Av. Paulista, 2.073, Conjunto Nacional,
Horsa I . 23° andar, Conj. 2301 . Cerqueira
César . 01311-940 . São Paulo . SP
Tel.: (55 11) 3034 4468

De: Artur

Para: Vlado, Nati, Gá, Benja, Dov e Martha.
Família, amor, apoio

De: Naiara

Para: Caio, Sonia, Tunico, Vaninho, Jana, Bia e
os amigos que são família

Agradecimentos

Do Artur:

Ao amigo Helio Seibel, obrigado pela generosidade do apoio à ideia e à produção deste livro, me ajudando a compartilhar histórias de pessoas que verdadeiramente admiro. Foi um presente de aniversário e tanto.

Aos meus pacientes, sincera gratidão por revelarem a dimensão humana de uma situação que afasta as pessoas pelo medo. Acredito que conhecer gente como vocês é o caminho mais curto em direção ao fim do preconceito. São vocês a razão para que me aperfeiçoe no exercício da medicina como a arte de entender o contexto de quem procura meu auxílio.

Medicina é a mais humanista das profissões: vocês tiveram e têm importância fundamental na compreensão desse conceito.

Da Naiara:

A todas as pessoas que contaram suas histórias, pacientes do Artur ou não, meu profundo agradecimento pela confiança e pelos aprendizados de vida que me proporcionaram. Por trás dos sussurros, silêncios e elipses que marcaram muitas das entrevistas, vocês deixaram entrever toda a coragem envolvida em lidar com algo ainda cercado de tantos tabus.

E Artur, muito obrigada pelo convite para escrever este livro contigo. Sinceramente, não poderia ter parceiro de trabalho mais bacana. Ainda ganhei de brinde um amigo.

Da dupla:

Amigos e colegas que se dedicaram a ler o original, suas contribuições foram valiosas. Obrigado pelo tempo de vocês e pela sinceridade das observações.

Parte 1

Relatos de amor e dor

Capítulo 1

"Você está vendendo atestado de óbito?"

Artur Timerman

Como a maioria dos médicos da minha área, comecei a ouvir falar da AIDS em 1981. Soube dos primeiros casos através de uma revista publicada semanalmente pelos Centros de Controle e Prevenção de Doenças dos Estados Unidos (CDC). A nova e misteriosa moléstia espalhava-se rapidamente em diversas cidades norte-americanas, e logo vimos que, o que quer que fosse aquilo, poderia chegar até nós. O primeiro caso brasileiro foi noticiado no ano seguinte.

A sensação que eu e os demais profissionais da saúde experimentamos diante dos primeiros pacientes foi de absoluta paúra, porque não se sabia exatamente como a doença era adquirida. É verdade que, quando a AIDS chegou ao Brasil, já se conheciam as prováveis formas de transmissão – contato com sangue e fluidos sexuais –, mas, ainda assim, não nos sentíamos seguros para descartar outras formas de contágio, até que houvesse provas irrefutáveis a esse respeito.

Os médicos lidavam com os doentes paramentados como astronautas – usavam dois aventais, luvas, máscara, óculos e gorro. Faziam procedimentos invasivos um tanto amedrontados. Havia receio de, ao entubar um paciente, por exemplo, entrar em contato com a saliva ou o vômito da pessoa, como ocorria, às vezes. Algumas enfermeiras se recusavam a entrar no quarto dos indivíduos que padeciam da nova doença. Outras apenas levavam as refeições e saíam o mais rápido que podiam, sem tocar em nada.

Nós, médicos, não sabíamos nem mesmo se era seguro liberar as visitas dos familiares. Orientávamos as pessoas a se "empacotarem" o máximo possível antes de entrar no quarto do doente. É claro que ponderávamos: "Bom, o paciente estava em casa até ontem, e a família está saudável, então essa doença não deve mesmo ser transmitida através do contato com a pele ou a saliva nem pelo compartilhamento de objetos". Mas o medo era tanto que preferíamos pecar pelo excesso. Dá para imaginar o constrangimento emocional dos pacientes diante de tudo isso.

Talvez entre os infectologistas, que estavam na linha de frente do combate à epidemia, o receio tenha durado menos tempo – alguns meses –, mas, nas demais especialidades médicas, foi-se um bom par de anos até todos ficarem mais tranquilos para lidar com os doentes de AIDS. Quando precisávamos da avaliação de um neurologista ou de um oncologista, por exemplo, era difícil conseguir um profissional disposto. Além do medo, havia enorme preconceito. Ouvi de muitos médicos comentários do tipo: "Está tendo o que merece".

Ninguém estava preparado para lidar com aquele tipo de doença nem com aquele tipo de paciente. Gente jovem escapando entre os dedos que nem água, morrendo por causa de um problema que ninguém sabia tratar. Para os infectologistas dos anos 1970, vírus causavam sarampo, caxumba e rubéola – resolvidos facilmente com vacina. Na pior das hipóteses, internávamos pacientes com leishmaniose visceral, esquistossomose e tétano – e, ainda assim, bastava diagnosticar a infecção, dar o antibiótico ou outro medicamento específico e curar. Achávamos que éramos capazes de sanar todo e qualquer mal. Quando veio a AIDS, percebemos que quase nada do que tínhamos estudado ou vivido valia ali. Nossa formação para aquela situação era praticamente zero.

Ninguém poderia imaginar que, um dia, existiria um vírus capaz de derrubar completamente as defesas do organismo, como faz o HIV, causador da AIDS. Nunca tínhamos visto um vírus com capacidade de invadir e destruir justamente as células responsáveis por comandar todo o sistema imunológico humano – os linfócitos CD4. Na verdade, no início da epidemia, mal sabíamos o que era o linfócito CD4. A função dessa célula havia sido identificada na década de 1960, a partir do advento dos transplantes de órgãos, mas, sendo bastante honesto, eu só tinha ouvido falar do assunto no terceiro ou quarto ano da faculdade, na matéria de Imunologia, e aquela informação já havia sido apagada da minha memória. Quando atendi meu primeiro paciente de AIDS, cheguei para o CD4 e me apresentei: "Prazer, Artur".

Como até 1985 não existiam testes de laboratório capazes de detectar a presença do HIV no organismo, a confirmação do diagnóstico era feita de maneira indireta. O paciente que apresentava sintomas clínicos indicativos do quadro de AIDS – gânglios inchados no pescoço, na virilha e nas axilas, perda involuntária de mais de 10% do peso, fadiga, febre, diarreia, além de uma série de infecções e doenças oportunistas típicas – era submetido a um exame que media a quantidade de linfócitos CD4 no sangue.* Se a pessoa tivesse menos de 500 células CD4 por microlitro de sangue, nível mínimo encontrado em indivíduos saudáveis, ficava confirmado o quadro de AIDS. No início da epidemia, em geral, o diagnóstico era feito com o CD4 quase a zero. Ou seja, só conseguíamos identificar a infecção por HIV anos depois, quando ela já tinha evoluído para o quadro da doença instalada: a AIDS.

Hoje, considera-se que uma pessoa tem AIDS quando seu teste de HIV é positivo e ela apresenta sintomas de doenças

* Atualmente, o diagnóstico é feito através de um teste que detecta a presença de anticorpos contra o HIV no sangue. O exame que mede o nível de linfócitos CD4 ainda existe, mas não é mais usado como ferramenta diagnóstica inicial. Serve para avaliar o estado do sistema imunológico dos pacientes soropositivos ao longo do tratamento.

oportunistas, independentemente de seu nível de CD4. Também é considerado com AIDS o sujeito infectado pelo HIV que possui menos de 200 linfócitos CD4 por microlitro de sangue, ainda que não apresente qualquer sintoma da doença. Quando as defesas do corpo baixam a esse nível, no entanto, o mais comum é que o indivíduo apresente, no mínimo, os chamados "sintomas gerais" – perda involuntária e significativa de peso, gânglios aumentados, febre e indisposição. E, com frequência, passa também a ser acometido por doenças oportunistas – pneumonia, tuberculose, toxoplasmose e alguns tipos de câncer.

Josimar, um bancário de traços orientais, 32 anos, foi o primeiro paciente com diagnóstico confirmado de AIDS que atendi, em 1984. Ele chegou ao hospital com uma pneumonia intratável. Estava bastante magro, febril, com uma tremenda falta de ar. Com muito esforço, conseguiu me dizer que suspeitava ter contraído a tal "peste gay" da qual os jornais tanto falavam – a doença era assim designada, à época, por ter sido identificada primeiramente entre homossexuais. Josimar temia que a mãe descobrisse que ele próprio se relacionava com homens. Morreu uma semana depois de ser hospitalizado. Seu exame de sangue apontou que tinha apenas 11 células CD4 por microlitro de sangue. O resultado não deixava dúvidas. Nenhuma doença, a não ser a AIDS, é capaz de arrasar o sistema imune dessa maneira.

Em pouco tempo, as enfermarias destinadas a receber pacientes com todo tipo de doença infecciosa ficaram tomadas por pessoas com AIDS. Isso aconteceu tanto no Hospital das Clínicas da Faculdade de Medicina da USP quanto no Hospital Heliópolis, as duas instituições onde eu trabalhava quando a epidemia eclodiu. No Hospital Israelita Albert Einstein, onde passei a atender alguns anos depois, o 11º andar ficou conhecido, nos anos 1980, como o andar da AIDS. Não existia mais lugar nos hospitais para as doenças que eu havia aprendido a tratar, durante a faculdade e nos cinco primeiros anos de formado. Fiquei, como todo mundo, perdido feito barata tonta.

A imagem das alas hospitalares ocupadas por pacientes com AIDS era muito triste. Homens jovens, a maioria na faixa dos 30 anos, com o rosto cadavérico e o corpo consumido pela doença. Tinham a pele descamando, o cabelo ralo e as unhas tomadas por micose – sintomas da debilidade imunológica. Muitos estavam com pernas, braços, tronco e até o rosto tomados por manchas protuberantes em tom vermelho, arroxeado ou marrom, características do câncer de pele que acometia os primeiros pacientes de AIDS, chamado sarcoma de Kaposi. Alguns queixavam-se de visão turva ou estavam já cegos, vitimados por um vírus de nome complicado,* da família do herpes, que não causa mal algum a pessoas saudáveis, mas pode deixar sequelas em sujeitos com a imunidade altamente comprometida. Tossiam muito, devido à tuberculose. A pneumonia lhes tirava o ar. Quando a depressão ou infecções atingiam o cérebro, deixavam os sujeitos fora de sintonia. Pouco se comunicavam. Internavam-se e, em seguida, morriam. Era um massacre. Durante os primeiros 10 anos de epidemia, não tínhamos muito o que oferecer além de cuidados de fim de vida.

Desde que havia me formado médico, tinha o hábito de atender os doentes em casa, quando eles estavam muito debilitados. Como infectologista, tinha também uma ideia de que conhecer o ambiente da pessoa fazia parte do diagnóstico. Fazia as visitas sempre acompanhado da minha maleta, que tinha basicamente estetoscópio, aparelho de medir a pressão, termômetro, abaixador de língua, caneta, receituário, carimbo e uma folha de atestado de óbito que eu deixava bem lá no fundo, escondida. De repente, com a epidemia de AIDS, vi-me fazendo visitas domésticas com muito mais frequência e já levava um bloco inteiro de atestados de óbito comigo – e,

* Citomegalovírus (CMV).

pior, sabia que iria usá-los em pouco tempo. Quando tocava o meu bip – o código era 27BK, ainda me lembro –, a primeira coisa que eu pensava era: "Quem morreu?". Parecia a *Crônica de uma morte anunciada*.*

Quando uma pessoa morre em casa, só quem pode dar o laudo que aponta a causa da morte é o médico que acompanhava o caso. Do contrário, o corpo precisa ser levado ao IML para ser submetido à necropsia. Eu sempre tentava evitar que as famílias dos meus pacientes passassem por esse sofrimento e atestava a morte em casa mesmo. Como a AIDS era uma epidemia em rápida ascensão, houve semana em que cheguei a preencher 15 atestados de óbito na casa de pacientes; quatro num só dia. Depois de algum tempo nessa toada, recebi uma carta da administração do Hospital das Clínicas solicitando que eu comparecesse à diretoria para resolver um problema do meu interesse.

Chegando lá, o diretor pediu que eu justificasse aquela situação totalmente anormal – lembro-me dele dizendo que, nos dois meses anteriores, eu tinha usado 45 folhas de atestado de óbito do hospital. A desconfiança era de que eu estaria vendendo aqueles documentos. Expliquei a situação. Falei que todos os casos eram de pacientes que eu acompanhava e que haviam morrido em sua própria residência. Ele, então, perguntou:

– Todos tinham AIDS como causa da morte?

Eu respondi:

– Quase todos. Em alguns casos, atendi à solicitação da família e omiti o diagnóstico.

O "pecado" que eu poderia ter cometido era esse. Para alguns dos pacientes, anotei como causa da morte "tuberculose", "pneumonia", "neurotoxoplasmose" ou alguma outra infecção oportunista que a pessoa tinha tido, em função da AIDS. Ou, então, usei apenas a palavra "imunodepressão". O

* Livro do escritor colombiano Gabriel García Márquez, publicado em 1981.

grande complicador, naquela época, era escrever, com todas as letras, "síndrome da imunodeficiência adquirida", seguido da sigla "AIDS". Havia companhias que se recusavam a pagar o seguro de vida às famílias se a causa da morte do segurado fosse a síndrome. Havia muito estigma em relação à doença.

Salvador, um paciente portador do HIV que comecei a acompanhar na década de 1990, já na primeira vez que foi ao meu consultório, ainda bem de saúde, disse pra mim:

– Eu vou lhe fazer uma pergunta e, dependendo da sua resposta, decido se vou me tratar de fato com você: quando eu morrer, você vai escrever que foi de AIDS?

Contemporizei:

– Poxa vida, o senhor está bem, não vamos pensar em morte.

Ele não recuou:

– É o seguinte: se for possível morrer de alguma coisa que não seja AIDS, eu prefiro. Mas, se for pra morrer de AIDS, você tem que me prometer que não vai colocar isso no meu atestado de óbito, porque eu não quero que as minhas filhas passem vergonha.

Salvador tinha 60 anos de idade e três filhas moças.

Cinco anos depois de se consultar comigo pela primeira vez, esse senhor desenvolveu um câncer de pulmão. Um tumor agressivo, inoperável e sem indicação de quimioterapia. Quando o internei, já em estado terminal, ele me disse, com uma ponta de ironia:

– Tá vendo? Conseguimos. Não vou morrer de AIDS.

Dois dias depois, faleceu. Ficou claro para mim o quanto aquilo tinha importância para ele. Ainda bem, hoje eu preencho poucos atestados de óbito por AIDS. É uma questão muito delicada e, atualmente, muito mais rigorosa.

No início da epidemia, e até meados dos anos 1990, o diagnóstico de AIDS era uma sentença de morte. Primeiramente "uma morte social", devido ao preconceito associado à doença, e, em seguida, "a morte física propriamente dita", como descreve o personagem de Tom Hanks, no clássico filme *Filadélfia*. Nesse contexto, alguns pacientes tinham reações extremas, ao receber o diagnóstico. Lembro o desespero do Luiz Roberto, um advogado na faixa dos 40 anos que comecei a atender em 1996. Ele suspeitava ter contraído o HIV, mas estava sem coragem para fazer o exame que confirmaria ou descartaria o diagnóstico. Depois de muita conversa, consegui convencê-lo a fazer o teste. Quando saiu o resultado, ele o levou até mim para abrirmos juntos. Deu positivo.

Como fazia rotineiramente, pedi que o Luiz trocasse a roupa pelo avental para que eu o examinasse. Ele fez que sim, mas disse que antes iria tomar um copo d'água no bebedouro que havia ao lado da minha sala. De repente, comecei a escutar um barulho estranho. A secretária deu um grito. Corri para ver. O Luiz Roberto estava dando cabeçadas na parede. Abriu um corte de fora a fora na testa. Sujou a parede inteira de sangue. Tive de cancelar o restante das consultas daquele dia. Ali mesmo, botei um par de luvas, tamponei o corte e o levei de carro para o hospital. Chamei um amigo cirurgião plástico para atendê-lo, com medo de que ele ficasse com uma cicatriz enorme. Ele sobreviveu ao diagnóstico.

Infelizmente, algumas pessoas não conseguiram de maneira nenhuma lidar com a informação de que tinham AIDS e acabaram suicidando-se. O caso que mais me marcou foi de um paciente que também era médico. Robson contraiu HIV usando drogas. Soube que era soropositivo no início da década de 1990, quando os tratamentos davam uma sobrevida de apenas um ano e meio, aproximadamente. Um dia, pouco tempo depois do diagnóstico, a mulher dele chegou em casa com o filho e sentiu um forte cheiro de gás. Foi até a cozinha e encontrou o marido com a cabeça dentro do forno. Uma imagem terrível. Até hoje me pergunto se poderia ter feito mais por esse paciente. Ele não demonstrou estar tão fortemente abalado. No dia em que se suicidou, tinha acabado de saber que a esposa não fora infectada. A sensação que me passou foi de alívio.

Presenciei também reações extremas de familiares. Lembro-me em detalhes de uma sexta-feira, quando, às 3h30 da manhã, a mãe de um paciente me ligou e pediu que eu fosse à casa dela ver o filho, porque ele estava "muito quietinho". Chegando lá, fui até o quarto e me deparei com o corpo franzino de um homem de 40 quilos – que antes da doença era um homenzarrão. Só de ver, soube que ele estava morto havia algum tempo. Auscultei o coração para ter certeza e me preparei para dar a notícia à mãe. Disse a ela que precisávamos conversar. Ao que ela respondeu:

– Espere só um pouco que eu preciso acabar de lavar a louça. Está tudo muito sujo.

Ela estava já lavando tudo pela segunda, terceira, quarta vez. Estava tudo limpo. Mas ela só falava em sujeira. Estava em choque. Só consegui sair de lá às 8 horas da manhã.

Era um desgaste emocional tremendo, não bastasse a carga pesada de trabalho. Tínhamos de estudar o tempo todo e, ao mesmo tempo, atender um número cada vez maior de pacientes. Aprendíamos cuidando deles.

Em alguma medida, acabávamos também tendo de lidar com as questões familiares que vinham à tona em torno da doença – esposas, filhos ou pais dando-se conta, no leito de morte de seus familiares, de que eles eram homossexuais ou usuários de drogas. Muitas vezes, a doença revelava aspectos da vida do paciente que ele próprio havia escolhido manter em reserva. Desde cedo, percebemos que precisávamos da ajuda de psicólogos e psiquiatras para atender esses pacientes e suas famílias. Frequentemente, o atendimento desses profissionais acontecia na própria enfermaria do hospital.

Eu também perdi grandes amigos nessa epidemia. Cuidei dos meus 11 colegas de faculdade que morreram de AIDS. Tive muito orgulho de cuidar de todos eles, mas, ao mesmo tempo, foi um peso ser o médico responsável por pessoas tão queridas. Dia após dia, tinha de apagar um nome da agenda.

A AIDS colocou os infectologistas em seu devido lugar. Levou-nos de uma sensação de prepotência para uma posição de total impotência. Mudou inclusive a maneira como nos identificávamos profissionalmente. Até a chegada da doença, nós nos denominávamos médicos tropicalistas, ou seja, que tratavam doenças tropicais – malária, leishmaniose, dengue... Foi a AIDS que nos converteu em infectologistas. Grande parte do conhecimento que se tem hoje sobre o sistema imunológico desenvolveu-se por causa da AIDS. Foi um conhecimento adquirido "*in anima nobile*",* como se diz no meio científico – ou seja, obtido direto do ser humano. Os pacientes nos ensinaram muita medicina. E nos ensinaram muito em matéria de humanismo também.

Ao sujeito que tivesse AIDS, na década de 1980 e até meados dos anos 1990, a sociedade costumava apontar duas setas: uma indicava "Você fez coisa errada", e a outra, "Vai morrer por causa disso". Num contexto como esse, os médicos, se não parassem para pensar, entravam na mesma armadilha preconceituosa. Todo o estigma que houve – e ainda há – contra a AIDS se relaciona a dois grandes tabus da humanidade: morte e sexo. Assim como todas as doenças graves, contagiosas e incuráveis da história, a AIDS foi vista, no começo, como castigo moral.

Eu não tinha muita clareza sobre essas questões, no começo da epidemia, mas, ouvindo meus pacientes, comecei a perceber que as pessoas que morreram de AIDS não eram culpadas pela própria morte. Ao contrário: eram pessoas alegres, com uma vontade muito grande de viver – tão grande que acabaram morrendo por isso. Mas não havia culpa aí, no meu entendimento. Elas tinham feito sexo com dezenas de pessoas porque gostavam

* Na origem em latim, a expressão significa "em alma nobre" e se refere aos experimentos científicos feitos na espécie humana, em oposição à expressão "*in anima vile*" – "em alma vil" –, que designam os ratos, macacos e outros animais usados em estudos de laboratório.

da vida, não porque queriam ficar doentes. Assim como a pessoa que fuma o faz para ter algum prazer ou na intenção de aliviar alguma angústia – não porque quer morrer. O problema é que o prazer passou a representar um risco de vida para essas pessoas, como cantou Cazuza.*

É claro que cabia – e cabe – a mim, como médico, orientar os pacientes sobre o que eles podem fazer em prol da própria saúde, mas não me cabe julgar o comportamento dos indivíduos nem achar que sou responsável por mudá-lo. Isso a AIDS me ensinou. Essa doença me fez passar por aprendizados de vida muito importantes. E eles influenciaram inclusive a maneira como eduquei meus três filhos, que nasceram ao mesmo tempo que a AIDS apareceu na minha vida como médico.

Creio que a AIDS serviu ainda para que a humanidade criasse um novo paradigma de reação às doenças. Muito do progresso que houve no tratamento da AIDS se deveu à ação de grupos organizados, formados pelas pessoas mais atingidas pela síndrome no começo – os homossexuais. Primeiramente, recusando-se a aceitar a censura moral ou qualquer outro tipo de preconceito. E, em seguida, cobrando pesquisas, desenvolvimento de medicações e orientando seus pares sobre medidas de proteção. Os gays foram muito efetivos nisso. O cenário inicial da AIDS, apesar de toda a ignorância e preconceito, teve um lado muito positivo de intensa mobilização social.

Muitos dos que se infectaram pelo HIV e vivem com saúde hoje estão bem às custas de pessoas que já se foram. Elas nos ensinaram a controlar a AIDS. A esses sujeitos com quem pude partilhar histórias comoventes, eu gostaria de pagar um tributo com este livro.

Ao longo dos capítulos que se seguem, estão narradas histórias de indivíduos** que vivem com o vírus da AIDS hoje,

* Referência aos versos "O meu prazer/Agora é risco de vida", da música "Ideologia".

** Foram usados nomes fictícios para preservar a identidade dos entrevistados.

numa realidade "pós-coquetel", muito diferente da época que acabo de recordar. São relatos que vêm entrelaçados com a história de evolução da própria doença, em suas nuances médicas, científicas, comportamentais e sociais.

Boa leitura.

Capítulo 2

"Eu não fazia nada além do que os meus amigos também faziam"

Outubro de 2010. Rafael acabara de se associar a um novo plano de saúde e quis aproveitar o convênio. Decidiu se submeter a um *check-up*, seguindo o exemplo da namorada, Marta, que fazia exames de rotina anualmente. Ele próprio, praticante regular de esportes e sentindo-se perfeitamente saudável, aos 26 anos, nunca havia feito uma bateria de exames médicos.

No dia 18, de manhã, em casa, acessou os resultados pelo computador. Tudo normal, dentro dos parâmetros de referência fornecidos pelo laboratório. Exceto uma alteração, que logo pareceu mais importante que todo o resto. O teste de HIV deu positivo.

Rafael ligou imediatamente para a mãe. Em seguida, para Marta, com quem estava havia quatro anos. Quatro anos de sexo sem preservativo, veio-lhe logo à cabeça. O casal havia usado preservativo apenas no início do relacionamento.

Além de estar em choque pelo próprio resultado, Rafael teve muito medo de ter infectado a namorada. No turbilhão, foi capaz de lembrar que Marta sempre incluía testes de HIV em seus check-ups. Até ali, durante todo o tempo do namoro, os exames resultaram negativos. E ele não tivera relações sexuais com mais ninguém nesse período. Havia esperança. Mas, ainda assim: e se ela tivesse se contagiado após o último exame? E, para além de qualquer raciocínio: não era óbvio que uma pessoa que tivesse relações sexuais frequentes, sem proteção, com alguém infectado pelo vírus da AIDS também viesse a contrair o HIV?

– Até vir o resultado dela, eu não dormi – lembra Rafael.

Uma semana de insônia, pouco apetite e até um apelo a preces numa igreja evangélica. Apesar de não ser religioso, o rapaz foi ao culto, a convite do médico que lhe fez o diagnóstico, pedir para o exame da namorada resultar negativo.

– Era o que restava, naquela hora. Qualquer médico que eu procurava me dizia que o momento era difícil mesmo e me receitava um "tarja preta". Ganhei um monte de receita de remédio pra dormir e nem assim conseguia pegar no sono.

Apesar do desespero inicial pela situação de Rafael e do medo de também ter contraído o vírus, Marta colocou-se imediatamente em posição de apoio ao namorado.

– Ela ficou louca na hora que eu contei, claro. Mas no mesmo dia à noite, o médico da família veio em casa, explicou uma porção de coisas e nos acalmou um pouco. Ela, então, me estendeu a mão e disse: "Estou com você".

Uma semana depois, "milagrosamente", o resultado de Marta veio negativo. Mais adiante, Rafael entenderia que, aos olhos da ciência, pode não ter sido um milagre tão grande assim. Como a quantidade de vírus que havia em sua corrente sanguínea era pequena – em "mediquês", sua carga viral estava baixa –, as chances de Marta se infectar diminuíram bastante. À parte algumas oscilações individuais, a carga viral costuma ser mais alta nos primeiros meses após o contágio ou quando as doenças oportunistas já começam a se manifestar, configurando o quadro de AIDS – isso ocorre depois que o vírus passa anos (uma década, em média) agindo livremente no corpo, sem ser combatido por remédios. Rafael não se encaixava em nenhuma das duas situações.

A favor de Marta estava também o fato de a moça ser descendente de dinamarqueses, o que sugere a possibilidade de ela ter o perfil genético de uma pessoa naturalmente imune ao

HIV – no norte da Europa, uma em cada 100 pessoas é resistente ao vírus da AIDS, ou seja, não se deixa infectar, mesmo que se exponha repetidamente a ele.

Mas como o casal não sabia de nada disso quando resolveu abandonar o preservativo, é impossível não pensar que foi mesmo uma baita sorte. Marta repetiu o exame de HIV outras três vezes, em intervalos de um mês, e dirimiu qualquer dúvida quanto à possibilidade de ter se contaminado.

Tranquilo em relação à situação da namorada, Rafael pôde se concentrar em cuidar de si próprio. Os primeiros exames, que mostravam um retrato da saúde do rapaz naquele momento, indicaram que o nível das células de defesa atingidas pelo HIV – os tais linfócitos CD4, dos quais você já ouviu falar neste livro – estava abaixo do considerado ideal. Contava 250 células por microlitro de sangue, quando o padrão tido como desejável é acima de 500. O médico recomendou início imediato do tratamento.

Em janeiro, logo após as festas de passagem de ano, o jovem começou a tomar os comprimidos do chamado "coquetel". Já depois do primeiro mês de remédios, conseguiu eliminar o vírus que estava em seu sangue – alcançou a tão almejada "carga viral indetectável", objetivo primeiro do tratamento, pois garante que o corpo não sofrerá mais os efeitos danosos do HIV (*entenda os detalhes sobre a ação dos medicamentos no capítulo 11*). Mas a primeira importante conquista não veio sem um bocado de dor. Rafael sofreu com os efeitos colaterais da medicação.

– Já na primeira dose, eu passei muito mal. E a cada nova dose também. Durante o primeiro mês de tratamento, tive diarreia todos os dias. Foi horrível: fui parar no hospital, fiz cocô na calça no meio da rua... E eu pensava: "Bom, a doença é horrível, então, o tratamento deve ser horrível também". Até me queixava dos efeitos colaterais para o meu infectologista, mas ele dizia para eu segurar mais um pouco, porque o organismo ia se adaptar, e os incômodos iam passar. Eu, então, aguentava firme.

Procurei uma nutricionista e um "gastro" para tentar melhorar a situação, dentro do que era possível. Mudei a dieta, tomei remédios para proteger o estômago e regular a flora intestinal. Mas a melhora não foi significativa. Continuei tendo diarreia por quatro meses. Constantemente, sentia um gosto metálico na boca. Não conseguia comer direito. Emagreci 15 quilos.

Durante esse período, Rafael sentia necessidade de falar sobre seu mal-estar com alguém. Os pais e a namorada o escutavam, mas ele percebia que aquele não era um papo que gostariam de ter. Foi então que criou um blog para escrever sobre o assunto, usando um pseudônimo. Na primeira postagem do blog, intitulado "Diário de um jovem soropositivo", Rafael anotou, a respeito dos incômodos causados pelos remédios: "'Melhor que morrer', você pensa. Eu também penso. E acho que é só por isso que tomo as enormes pílulas todos os dias. Medo de morrer".

A essa altura, Marta começou a questionar se era mesmo inevitável um tratamento tão sofrido. Convenceu Rafael a procurar outro médico para se esclarecer sobre o assunto. O segundo infectologista que atendeu o jovem explicou que ele estava tomando remédios que, apesar de eficientes contra o vírus, eram mais antigos e, portanto, mais tóxicos. Difíceis mesmo de tolerar. Ofereceu-lhe uma segunda combinação de medicamentos – outro coquetel.

No mesmo dia que trocou a medicação, parou de se sentir mal. Recuperou o prazer de comer um prato de salada, coisa que não fazia havia quatro meses, por causa da diarreia constante. É verdade que um dos remédios que passou a tomar tinha outro tipo de efeito colateral. Na primeira semana, diz ter ficado "meio bobão". Perdeu as chaves de casa, errou o horário da consulta no dentista e esqueceu o número de telefone da namorada. E, durante um mês, teve sonhos alucinantes, vívidos, cheios de cor.

– Mas, comparado ao estado anterior, estava ótimo. E depois passou. Me adaptei completamente aos medicamentos.

Depois de algum tempo, o médico de Rafael fez mais uma mudança na combinação dos remédios, porque o nível de seu CD4 não estava subindo conforme o esperado. Como foi diagnosticado já com bastante tempo de infecção, seu sistema imune estava danificado. Por três meses, mesmo tomando os remédios, seu CD4 chegou a ficar abaixo de 200 cópias – o que já é considerado AIDS. Rafael não sabia disso, à época. O médico não lhe contou – ele crê, para não deixá-lo assustado. Após a nova troca de remédios, seu nível de CD4 voltou a subir.

No dia a dia, Rafael sente que sua saúde é boa. Desde o diagnóstico até o momento em que concedeu entrevista para este livro, diz não ter ficado doente. Além do uso contínuo dos remédios, ele atribui o próprio bem-estar a hábitos de vida saudáveis:

– Eu faço bastante exercício, pratico ioga, como bem... Era até exagerado com os cuidados, no começo. Agora estou aprendendo a relaxar um pouco.

Rafael calcula que tenha se infectado cerca de seis anos antes do diagnóstico, no início da faculdade, uma fase em que estava "muito baladeiro".

– Nessa época, eu saía bastante à noite e transei com algumas meninas sem camisinha. Não foi uma só. Então, não sei de quem exatamente eu peguei. Me lembro de, um dia, pegar lápis e papel e desenhar minha linha do tempo sexual. Marquei todas as mulheres com quem recordava ter feito sexo sem preservativo e todas aquelas com quem não poderia lembrar com certeza. No resultado dessa conta, cheguei a duas meninas muito prováveis, mas com quem perdi contato. Das duas, tenho para mim que uma delas é ainda mais possível.

Em seguida, Rafael procurou todas as ex-namoradas de quem tinha telefone, e-mail ou Facebook para preveni-las. Algumas lhe contaram que já tinham feito exame de HIV depois que se relacionaram com ele e, portanto, estavam tranquilas. Outras disseram que iriam fazer o teste. Uma chegou a lhe dar o retorno de que o resultado dera negativo.

– Até onde consegui saber, não transmiti para ninguém, diz.

Na época da faculdade, Rafael achava que "pegar HIV" era uma realidade completamente distante. Não chegava a se apoiar no mito de que homens não são contaminados por mulheres, como muitos acreditam. Nem na falsa ideia de que só os homossexuais correm risco. Simplesmente não pensava no assunto.

– Eu não conhecia ninguém que tivesse [*o vírus da AIDS*]. E também me sentia seguro, porque não era sempre que deixava de usar camisinha. Era ocasional. Eu não fazia nada além do que os meus amigos também faziam – e ainda fazem. Até tinha amigos que transavam sem preservativo mais do que eu.

Conforme observou em seu blog, Rafael crê que deixava de usar camisinha vez ou outra, com certa tranquilidade, porque não entendia o conceito de que "uma única vez" ou "poucas vezes" poderiam ser suficientes para colocá-lo em risco. "Agora, aprendi esse conceito. *The hard way*"*, escreveu numa das postagens.

Hoje, superadas as dificuldades com os remédios, Rafael se deu conta de que o mais complicado em ter HIV não é a doença ou o tratamento, mas sim o impacto que esse diminuto vírus tem sobre as relações. Tal percepção se tornou mais clara depois que ele e Marta romperam o namoro, dois anos após o diagnóstico (e, segundo Rafael, por motivos que nada têm a ver com o HIV). Em sua experiência pessoal, tem sido desgastante lidar com a situação cada vez que conhece alguém.

A primeira menina com quem ensaiou um romance e para quem contou que era soropositivo, depois que terminou com a namorada, fez da sua vida "um inferno" por uma semana:

– A gente estava saindo, mas ainda não tinha transado. Eu fui enrolando a situação, porque estava nervoso de contar, não sabia como fazer. Parecia um romance vitoriano [*risos*].

* Em inglês, "do jeito difícil".

Ela, percebendo a enrolação, tomou a iniciativa. Ao final de um jantar, perguntou: "E aí, pra onde a gente vai agora?". Eu falei: "A gente pode ir a algum lugar, mas antes eu preciso te contar um negócio".

Para a surpresa de Rafael, a garota reagiu bem. Era estudante de medicina, prestes a se formar. Já havia passado pela cadeira de Infectologia, portanto entendia minimamente do assunto. Perguntou a Rafael como ele estava de saúde, quis saber seu nível de CD4. Disse que não passariam aquela noite juntos somente porque ela gostaria de conversar com sua médica para tirar algumas "dúvidas técnicas" a respeito do ato sexual naquele contexto. Mas já adiantou que não era um problema. Rafael foi dormir feliz da vida.

No dia seguinte, de manhã, quando acordou, enviou para a moça uma mensagem de celular:

– Como você está?

E ela:

– Não dormi bem. Estou confusa. Não sei como vou lidar com a situação. Amanhã tenho terapia, vai ser bom.

A jovem passou uma semana conversando com ginecologista, professores de medicina, terapeuta e contando a Rafael os comentários dos especialistas. Até que, por fim, enviou a ele um e-mail com o assunto "Tristeza", em que explicava que não conseguiria se relacionar com o rapaz.

Ele, então, lhe respondeu:

– Tudo bem... Mas vamos nos encontrar pra conversar, tomar um café?

E a resposta que veio foi:

– Acho melhor não.

Rafael conta o desfecho da história:

– Ela sumiu e, depois de um mês, reapareceu. Fomos a uma festa, e ela me convidou pra continuar a noite na casa dela. Mas aí eu não quis mais. Fiquei machucado com a maneira como ela agiu, de nem querer me ver. E, dessa vez, ela me parecia estar agindo por impulso, porque estava pressionada pelas amigas, que queriam saber por que a gente tinha terminado, por que a gente não tinha transado...

Depois da jovem médica, houve uma segunda moça. Já ciente da situação, ela passou a noite com Rafael. No dia seguinte, durante o café da manhã:

– Ela começou a me fazer um monte de perguntas: se tinha ficado tudo bem com a camisinha, se eu achava que não tinha perigo mesmo... Quando eu vi, estava já revirando o lixo pra mostrar que a camisinha estava em perfeito estado. Uma situação toda estranha.

Nos dias seguintes, trocaram mais algumas mensagens, e, ao fim, a moça foi taxativa:

– Desculpa, a gente não pode mais ser amigo, eu prefiro não falar com você.

Ambos haviam se enganado na percepção de que a jovem estava tranquila com a situação. Algum tempo depois, ela pediu desculpas a Rafael. Havia feito o exame de HIV e se tranquilizado com o resultado negativo.

A última história amorosa que Rafael havia vivido até conceder entrevista para este livro teve como personagem uma moça estrangeira. Conheceram-se numa viagem de trabalho.

– Ela foi a mais tranquila. Só perguntou pra mim o que podia e o que não podia fazer. Depois, veio me visitar, bateu um papo com o meu médico pra terminar de esclarecer as dúvidas e ficou tudo bem. Eu tive receio de que ela ficasse com medo depois que a gente transasse – agora eu já entendi que contar antes não é o caminho inteiro, porque a pessoa pode ficar com medo depois de fazer. Mas, dessa vez, não houve esse problema.

Por todos os tabus, preconceitos e medos envolvidos nesse tipo de situação, o médico de Rafael já lhe disse algumas vezes que ele não precisa comunicar seu status de soropositivo a cada moça que conhece. De acordo com Rafael, estas foram as palavras dele:

– Você está fazendo todo o tratamento necessário e está há anos com quantidades tão pequenas do vírus no sangue que os exames nem conseguem mais detectá-lo. Se usar camisinha, a menina não vai pegar. É mais seguro uma moça transar com você do que com uma pessoa que nunca fez o teste de HIV – e talvez tenha o vírus, sem se tratar. Então, por que você vai contar? Vai criar uma paranoia na cabeça dela à toa...

Rafael, então, questionou o que aconteceria se a camisinha "estourasse". Ao que seu médico respondeu:

– Convenhamos: é raro a camisinha estourar. Mas, se a camisinha estourar com você, que tem carga viral indetectável há anos, a chance de algo acontecer é tão baixa que a profilaxia nem é recomendada [*profilaxia é o uso preventivo do coquetel, a que se pode recorrer quando uma pessoa se expõe acidentalmente ao vírus da AIDS – um recurso emergencial que segue a mesma lógica da "pílula do dia seguinte". É capaz de reduzir drasticamente o risco de infecção, desde que iniciada em até 72 horas após o contato de risco e com duração de um mês*].

Em resumo, o médico definiu de maneira didática:

– Você não é um transmissor.

Rafael ainda ponderou:

– Mas eu não posso presumir que ela saiba disso ou que, se souber, esteja de acordo. Discordar não é um direito dela que eu devo respeitar?

Novamente, o infectologista se posicionou:

– Rafael, como médico de soropositivos há tantos anos, é natural que eu enxergue o lado dos meus pacientes. E o que eu vejo é que aqueles que começam a contar a todos podem sim vir a sofrer com isso. Amigos se afastam, relacionamentos tornam-se mais difíceis. Há quem lide bem com isso. E há quem não lide bem com isso. O que precisa ficar muito claro é que, se você quer fazer isso, é por *opção*, e *não por obrigação*. A sua obrigação, como a de qualquer outra pessoa, soropositiva ou não, é se proteger, e, para isso, a camisinha basta.

Apesar dos esclarecimentos e das recomendações de seu infectologista, até o momento em que deu entrevista para este livro o rapaz vinha fazendo a escolha de contar sobre o fato de ter o HIV antes de qualquer contato mais íntimo.

– Gosto de jogo aberto. Me sinto melhor assim. Gasta muita energia ficar pensando se a pessoa vai achar os medicamentos, descobrir de algum outro jeito... O meu médico já me falou que tem paciente dele que chega na mesa do bar e coloca a caixa de remédio em cima da mesa. As pessoas perguntam o que é, ele já fala: "É remédio pra HIV". Porque daí quem se interessar já sabe. Assim, ele não se desgasta. Por outro lado, tem gente que esconde até da namorada. Se ela vê os remédios e pergunta, fala que é vitamina. Eu fico no meio do caminho: abro o jogo, mas prefiro selecionar pra quem eu conto.

Rafael, que sempre gostou de ler o noticiário sobre ciências, antes mesmo de saber que tinha HIV, vem acompanhando a recente evolução das pesquisas na direção da cura da AIDS (*leia sobre a busca da cura no capítulo 12*). O rapaz já explicou didática e detalhadamente várias delas em seu blog. Mas, ultimamente, não tem mais pesquisado o assunto com tanto afinco. Ele explica por quê:

– É maravilhoso que a cura esteja cada vez mais perto. Ao mesmo tempo, há idas e vindas nesse caminho. Algumas pessoas que davam sinais de estarem curadas, por exemplo, voltaram a ter o vírus ativo no sangue. Então, não dá pra ficar muito ansioso, pensando nisso. Senão, a gente coloca o lastro da felicidade nessas notícias. E isso não dá certo. Eu não preciso mais acompanhar as notícias pra ficar feliz, porque estou bem com o tratamento que existe hoje. Eu tomo quatro cápsulas de três medicamentos diferentes, à noite, todos os dias. É simples.

Por outro lado, Rafael reconhece que a cura eliminaria o desgaste emocional de se dizer portador do HIV a cada novo relacionamento:

– Pelo modo rápido como avançamos nas relações hoje, torna-se complicado contar antes da primeira relação sexual. Muitas mulheres, pelo que percebi, encaram a demora em ir para a cama como enrolação, desinteresse e rejeição. E, se sentem isso, somem do mapa. Então, se você faz questão de contar antes que role sexo, se vê na posição de falar sobre algo extremamente íntimo com alguém com quem ainda está construindo intimidade. O tratamento definitivo eliminaria essa parte difícil.

Hoje, no dia a dia, Rafael sente que está mesmo vivendo a tal "vida normal" da qual médicos lhe falaram desde o dia em que soube de seu diagnóstico.

– Não adianta nada ouvir isso no primeiro momento, mas depois vai caindo a ficha.

Se, no início, o HIV se tornou o assunto central de sua vida, tomando boa parte de seu tempo, sua energia e seus pensamentos – sobretudo pelo sofrimento imposto pelos primeiros remédios –, hoje assumiu proporções mais reais. Uma boa medida disso é seu blog, que no princípio recebia atualizações diárias e agora vem sendo "alimentado" com mais parcimônia. Rafael estuda encerrá-lo.

– A "vida normal" está de volta. Mas aprendi também que ela sempre esteve aqui. Vida é assim mesmo: sempre tem um obstáculo.

Capítulo 3

"É como usar óculos desde pequena"

Marcela tem uma rotina comum para uma moça de classe média na sua fase de vida: na maior parte do tempo, dedica-se à faculdade e ao estágio profissional. Nas horas livres, aproveita a companhia dos amigos, da família e do namorado. Um detalhe íntimo a diferencia da maioria dos jovens da sua faixa de idade: ela nunca deixou de usar camisinha. "Maioria" e "nunca", aqui, não são força de expressão. Apenas 35% dos jovens brasileiros de 15 a 24 anos usam preservativo em todas as relações sexuais, segundo um levantamento feito pelo Ministério da Saúde em 2008. Já Marcela não dispensou o preservativo uma vez sequer desde que iniciou sua vida sexual, aos 17 anos. O motivo: ela tem o vírus da AIDS.

A moça contraiu o HIV de sua mãe, Luiza, quando estava ainda dentro de sua barriga. Ou, talvez, a contaminação tenha se dado no momento do parto. Não é possível ter certeza sobre essa parte da história. Luiza só soube que estava infectada pelo HIV no final da gestação. Uma tosse persistente deu o alerta e revelou que ela estava com um tipo de pneumonia característico de pessoas com AIDS. Os cuidados médicos tomados àquela altura já não foram suficientes para evitar que o vírus fosse transmitido à sua menina.

A família também não sabe ao certo como Luiza se contagiou. Levando em conta seu estilo de vida e a ausência dos comportamentos de risco mais comuns, a hipótese mais provável é a de que ela tenha sido infectada no exercício da profissão, na década de 1980, início da epidemia de AIDS. Luiza era médica patologista. Analisava exames de laboratório. Faleceu quando a filha estava com 4 anos de idade.

Marcela cresceu aos cuidados dos tios do lado materno da família – especialmente de Sandra, a quem chama de mãe. Sandra acompanhou a entrevista para este livro, realizada em seu apartamento, num sábado de sol. Acudiu com os detalhes da história de que Marcela não se lembrava, em função da pouca idade à época dos primeiros acontecimentos, e zelou para que a sobrinha-filha não fosse exposta, de nenhuma maneira, ao contribuir com seu relato. Antes de começarmos a conversar, pediu gentilmente que falássemos baixo e evitássemos palavras como "AIDS" e "HIV". Tinha receio de sermos ouvidas pelos vizinhos do prédio. Antecipando-se a um possível julgamento de preocupação exagerada, justificou-se:

– Sou neurótica. Mas o preconceito ainda existe – disse, encolhendo os ombros, inclinando a cabeça para o lado e arqueando as sobrancelhas, numa expressão de quem diz: "O que podemos fazer?".

Marcela começou a se tratar após o primeiro ano de idade. Acostumada a tomar remédios todos os dias, desde pequena – inicialmente em gotas, com o sabor ruim disfarçado em suco de laranja, e a partir dos 5 anos em comprimidos –, a menina acreditava que esse era um hábito da rotina de todos, tanto quanto escovar os dentes ou tomar banho. A impressão era reforçada pelo fato de morar numa casa "com um monte de gente velha que também tomava remédio", lembra, rindo do seu raciocínio de criança. Quando, por volta dos 8 anos de idade, uma amiguinha da escola comentou que só tomava remédios nas ocasiões em que estava gripada, achou a novidade estranhíssima.

Foi por volta dessa idade que Sandra lhe explicou sobre a doença. Ainda sem dar "nome aos bois", contou-lhe uma história que incluía um "exercitozinho" do corpo e seus inimigos. Pouco tempo depois, Marcela descobriu sozinha "nome e sobrenome" do que tinha. Já sabendo ler, juntou um rótulo de remédio com um livro que viu em casa e montou o quebra-cabeça. Algum tempo mais de descobertas e levou um susto, ao ver na TV um documentário sobre crianças africanas que tinham AIDS.

– Elas estavam morrendo, supermagras, horrível. Quando vi aquilo, pensei: "Vou ficar que nem elas. É só uma questão de tempo". Durante um período, fiquei com medo de dormir, porque tinha medo de amanhecer morta.

Ao saber da agonia da sobrinha, Sandra tranquilizou-a, explicando que as realidades africana e brasileira, em termos de tratamento, eram muito diferentes. Garantiu que nada de mau lhe aconteceria. Frisou apenas que era importante a menina se cuidar, tomando corretamente os remédios e evitando se machucar ou passar frio, além de se alimentar direito. Por causa da rigidez de cuidados que cobrava da sobrinha pequena, Sandra era jocosamente chamada de nazista pelas amigas:

– Era o tempo todo: "Come esse rabanete! Come esse brócolis!" [*fala imitando uma voz brava e depois ri*]. Eu sei que era exigir bastante de uma criança, mas a gente precisava trabalhar com a resistência do corpo dela o tempo todo. E o fato de existir uma doença não justifica mimar de forma excessiva. Eu tinha que botar os limites e incutir responsabilidade como em qualquer criança.

Marcela concorda. Diz que não considera uma boa opção viver em função de uma possível doença ou do fantasma da morte associada a ela:

– Se uma pessoa decide levar a vida em função da morte, ela já morreu no momento em que tomou essa decisão. Eu tenho que viver a vida como qualquer pessoa, fazendo planos para o futuro. Ninguém saudável – como eu sou, porque tomo meus remédios – vive pensando que vai morrer em pouco tempo.

Mas nem sempre a jovem teve essa clareza. Quando foi aprovada numa faculdade em outra cidade, por exemplo, chegou a questionar se os cinco anos morando longe de Sandra e do namorado lhe fariam falta. Refletindo, chegou à conclusão de que não:

– Pensando assim, deixaria de seguir o sonho de me formar numa boa universidade e de ter a profissão que escolhi. Ia ficar velha, provavelmente, com o avanço da ciência, e me dar conta de que não vivi a vida do jeito que queria...

Hoje, Marcela diz não se lembrar do HIV no dia a dia. A jovem pondera que, se há alguma vantagem em ter nascido com o vírus, é esta:

– É como usar óculos desde pequena. Fica sendo uma parte de você. Acho que uma pessoa que viveu 25 anos sem a doença e, de repente, descobre que tem talvez sofra um baque maior.

Marcela diz que a opção de buscar uma vida normal – tomando todos os cuidados necessários, mas deixando o assunto ocupar o mínimo possível de seu tempo e de suas preocupações – passa também por manter sua condição de portadora do HIV reservada a um grupo seleto de pessoas. Só quem sabe dessa informação são seus tios, o namorado e seus dois melhores amigos. Marcela não gostava de conversar sobre o assunto nem com as psicólogas a quem foi levada, na infância e na fase de "adolescente rebelde", quando "parava de comer para ficar magra" e queria acompanhar os amigos nas primeiras experiências com bebidas alcoólicas, o que acabava levando a alterações nos seus exames e deixava Sandra de cabelo em pé.

Foi aos 17 anos que a moça contou pela primeira vez a alguém que tinha HIV. Havia engatado um namoro e sentiu necessidade de trocar ideias com alguém próximo, mas que não fosse Sandra – "porque, meu, eu não vou ficar contando de sexo pra minha mãe!", explicou, em tom de obviedade. Recorreu, então, à sua amiga mais íntima.

Ao melhor amigo, "um cara inteligente e ponderado", Marcela contou sobre o HIV pouco antes de conceder entrevista para este livro, pois queria saber o que ele achava sobre a possibilidade de ela falar a respeito do assunto com alguém fora de seu círculo íntimo – "se depender da minha mãe e do meu namorado, eu não converso com ninguém a respeito disso", contextualizou. Também sentiu vontade de se abrir com o amigo por perceber que ele consegue compreender bem seus sentimentos – "ele é gay e já teve muitos problemas com preconceito; sabe o que é se sentir um peixe fora d'água", diz.

A revelação mais tensa foi para o namorado. Marcela conta que, desde criança, imaginava-se "ficando pra titia". Quando conheceu Rodrigo, aos 17 anos, trocou a certeza de que nunca teria um namorado pela convicção de que, ao contar sobre o HIV para ele, voltaria a ficar sozinha. No primeiro ano do namoro, não conseguiu tocar no assunto. E sentia-se culpada por isso:

– Eu me sentia muito mal de não contar, mesmo sendo extremamente cuidadosa. Nem ele entendia por que era tanto cuidado. Eu chorava à noite pensando nisso... Cheguei a decidir terminar, porque não tinha coragem de falar pra ele. Pensei comigo: "Vou arrumar um outro que tenha AIDS! Prefiro do que ter que passar por isso".

Até que um dia os dois estavam no meio de "um papo sério", fazendo planos de ficar juntos para sempre, quando Marcela visualizou a oportunidade. E, sem rodeios, como quem "arranca o *band-aid* rápido pra passar a dor logo", anunciou:

– Eu tenho AIDS.

A rigor, Marcela não tem AIDS, porque não está doente. É para não ter AIDS que ela se trata. O que Marcela tem é o HIV, o vírus que pode causar a AIDS, se não for controlado com remédios. Mas a garota resolveu fazer a revelação ao namorado dessa maneira para não deixar dúvidas sobre o que estava falando. Ponderou que ele poderia não estar familiarizado com terminologias como "HIV" ou "soropositivo" [*a pessoa que tem HIV*] e deu a notícia sem rodeios.

– Claro, depois que eu falei, desabei a chorar... Mas, aos poucos, fui explicando: "Na verdade, isso não tem nenhum impacto na minha vida, eu vivo normalmente, você não vai pegar, a gente vai poder ter filho...". E ele foi muito... [*faz uma pausa, procurando a palavra certa*]

– Muito gracinha. Ele entendeu... – emendou Sandra, sem titubear.

Marcela abriu um sorriso largo, concordando:

– Eu acho que esse foi um dos dias mais felizes da minha vida. Ele falou que o medo dele era me perder e que, então, não fazia o mínimo sentido me largar por causa disso.

O casal resolveu manter a questão em reservado, sem envolver a família de Rodrigo. Consideraram que poderia haver "tumulto" em torno do assunto.

Marcela pensa em ter filhos no futuro. Confessa ter algum medo de passar o vírus para o bebê, mesmo já tendo ouvido de seu médico que as chances de isso acontecer são praticamente zero, se todos os cuidados forem tomados.

– Isso mexe com o meu emocional, porque foi assim que eu peguei. Mas eu vou ter [*filhos*]. Vou enfrentar o medo e ter.

O que amedronta Marcela, na verdade, é mais que a (remota) possibilidade de transmitir o HIV aos filhos, pois sabe, por experiência própria, que o tratamento garante uma boa saúde aos soropositivos. Conta muito a possibilidade de transmitir às suas crianças "o peso psicológico de ter essa doença". Ela explica:

– Eu senti tanto medo de nunca arranjar nenhum namorado... Não quero que os meus filhos passem por isso. Eu gostaria de não ter passado. Fora que é ruim ouvir certas coisas que as pessoas falam. Me lembro de um professor dizer uma vez na sala de aula: "Pegou AIDS, vai morrer. Vai ter uma pequena sobrevida de alguns anos com os remédios, mas vai morrer". Uma babaquice... Tem muita desinformação ainda. E, por mais que eu seja esclarecida – sei que não é assim –, isso bate, sabe? De tanto as pessoas falarem, você começa a ficar em dúvida. Ainda mais se a sua mãe morreu disso... Fora que é estranha a sensação de ter uma doença que ninguém tem. Eu nunca conversei com ninguém que tivesse AIDS!

Na turma de Marcela, pelo que ela sabe, só um dos amigos já fez o teste de HIV alguma vez na vida. Não por acaso, um amigo gay – justamente pela ideia de que está num grupo de maior risco. Na percepção da moça, as pessoas na sua faixa de idade tratam o assunto "meio na piada":

– Falar em pegar AIDS é quase como falar em pegar elefantíase. Parece que é algo altamente improvável. E, ao mesmo tempo, é muito comum ainda a ideia de "pegou, morreu". Não acho que o pessoal não se cuide porque pensa que hoje em dia dá pra ter uma vida normal com AIDS. As pessoas não se cuidam porque pensam que nunca vai acontecer com elas. Fica uma ideia meio assim: "Não comi nenhuma puta, não sou gay, então, não estou em risco".

Foi para mudar essa visão estereotipada a respeito da doença que Marcela decidiu dar entrevista para este livro.

– Quis mostrar que tem gente que tem [*HIV*] e está bem. Tem profissão, família, tá tudo certo.

CAPÍTULO 4

"Jovem é que faz coisa errada"

Numa tarde de 2014, Estela, 25 anos, deu entrada no pronto-socorro de um grande hospital, em São Paulo. Precisou ser amparada por uma cadeira de rodas. De tão ofegante, não conseguia caminhar sozinha. Além da falta de ar, sentia dor no peito. O mal-estar, que havia começado leve e passado por uma "gripe malcurada", dois meses antes, quando procurou um médico pela primeira vez, revelou-se, então, um quadro grave de pneumonia, demandando cuidados intensivos na UTI.

Estela tinha também a mão direita paralisada – uma tendinite causada pelo excesso de uso do computador, ela supunha. Logo antes da internação, um ortopedista havia lhe solicitado uma ressonância magnética para apurar o diagnóstico, mas a jovem não a realizou. A perda dos movimentos da mão era, na verdade, consequência de uma lesão no cérebro, do tamanho de uma laranja, que afetou certa área responsável por comandar os movimentos voluntários do lado direito do corpo. A causa de fundo: toxoplasmose, doença endêmica no Brasil, causada por um protozoário adquirido através da ingestão de carne bovina crua ou malpassada ou através do contato com fezes de gatos. Esse protozoário não costuma provocar mal algum a pessoas saudáveis, mas pode ter consequências graves no caso de pessoas com a imunidade comprometida.

Os dois problemas – a pneumonia e a perda de movimentos –, aparentemente desconexos, estavam estreitamente ligados. Eram ambos sintomas de infecções oportunistas, manifestações de um quadro de AIDS.

Estela soube que havia contraído o HIV em 2007, aos 19 anos de idade. A descoberta veio ao acaso. A moça estava tratando um cisto no útero quando seu ginecologista resolveu lhe pedir alguns exames complementares. Incluiu o teste de HIV, que deu positivo. O resultado antecedeu, em alguns meses, a morte de um ex-namorado de Estela, de quem ela acredita ter contraído o vírus.

A princípio, a jovem foi orientada a apenas acompanhar seu estado de saúde com exames regulares, a cada três meses. O tratamento seria iniciado adiante.

Os anos se passaram, e Estela não fez o acompanhamento recomendado. A doença avançou, e, quando ela chegou ao hospital, as defesas de seu organismo estavam quase zeradas. Na primeira semana em que esteve internada, a moça emagreceu sete quilos. Sentindo-se nauseada, não conseguia se alimentar direito. Ao conversar, fazia pausas a cada três ou quatro frases para recobrar as forças.

Estela conta que chegou a procurar profissionais que pudessem cuidar de seu estado de saúde, durante os sete anos em que vinha convivendo com o vírus. Mas não se sentiu segura e confortável para fazer o tratamento com nenhum deles.

– Os médicos com quem eu me consultei eram todos muito bravos. Me tratavam de qualquer jeito. Eu queria conversar, entender direito o que ia acontecer, e eles só me passavam guias para fazer os exames e pronto. E ainda faziam comentários do tipo: "É, não se cuidou... [*agora aguenta*]". Então, eu acabava não fazendo os exames. Toda vez que eu lembrava disso, pensava: "Pra que eu vou fazer esse exame agora? Tô caçando...". Sinceramente, não passava pela minha cabeça que eu ia ficar doente assim. Eu ouvia falar que [*quem tem HIV*] hoje vive normal. E eu vivo. Tenho uma vida saudável, natural... Achava que, com esse estilo de vida, daria pra continuar vivendo normalmente.

Quando eu vim para o hospital, até imaginei que meu problema de saúde tinha a ver com o HIV, mas não achei que estava essa desordem. Pensei que o vírus estava no sangue, como sempre esteve, só que quieto. E não está... Agora, ele está ativo.

Estela conta que, logo antes de ficar doente, havia revelado sua situação para o namorado, um rapaz de 22 anos de idade. A revelação foi feita num dia em que ele fez uma brincadeira relacionada à doença, algo que já havia feito outras vezes. A moça então lhe disse:

– Você nem sabe como é e fica fazendo brincadeira?

O rapaz se justificou:

– Ah, mas isso é difícil alguém ter...

Ao que ela respondeu:

– Não é não... Eu "tô" do seu lado já faz o maior tempo...

De início, o rapaz ficou bastante assustado. Chorou. Depois acalmou-se e apoiou a namorada:

– Ele teve uma cabeça que me surpreendeu muito. Foi bom compartilhar isso com ele. Até então, só meus pais sabiam. E eu tinha vontade de falar do assunto com outras pessoas. Mas acabava mantendo em segredo, porque o preconceito não vale...

O rapaz não adquiriu o vírus HIV, segundo Estela – o resultado do exame que realizou enquanto a namorada esteve internada deu negativo.

O quadro de saúde de Estela fez lembrar as primeiras pessoas atingidas pela AIDS, nos anos 1980, quando os indivíduos que contraíam o HIV iam parar no hospital já gravemente doentes. A diferença é que, ao chegar a esse ponto, os sujeitos com AIDS de 30 anos atrás eram tratados como pacientes em estado terminal. Sem haver ainda medicamentos eficientes para combater o vírus, a morte era um caminho inevitável. Hoje, com os remédios disponíveis, é possível resgatar a saúde até mesmo de pessoas com AIDS em estágio avançado, como Estela. Nesse caso, com muito mais riscos de complicações que no tratamento iniciado precocemente.

Estela passou 45 dias no hospital. Nesse período, foi levada à UTI duas vezes. Quase precisou ser entubada. Correu risco de vida. Em determinado momento, sentiu mesmo que iria morrer, tamanha a dificuldade que tinha para respirar.

Como começou a ser tratada quando o quadro de AIDS estava já adiantado, a jovem teve uma complicação chamada síndrome inflamatória da reconstituição imune, ou, como os médicos costumam chamar, "o preço do sucesso". Trata-se de uma reação que organismos muito debilitados pela AIDS podem ter logo que se inicia o tratamento com o coquetel. No momento em que os remédios anti-HIV começam a agir num sistema imunológico extremamente comprometido, rapidamente desencadeiam-se respostas inflamatórias em todo o corpo para reagir às infecções oportunistas do quadro de AIDS – no caso de Estela, pneumonia e toxoplasmose. Por causa dessa reação muito rápida e intensa, o sujeito pode ficar gravemente doente ou até acabar morrendo pela ação de seu próprio exército de defesa (*entenda melhor os riscos de iniciar o tratamento do HIV tardiamente e as vantagens de começá-lo cedo no capítulo 11*).

Jovem que é, Estela conseguiu superar a síndrome inflamatória e responder bem às medicações. Na véspera de receber alta, disse estar se sentindo infinitamente melhor que na primeira semana de internação. A recuperação era nítida. A jovem não estava mais ofegante, nauseada e apática como antes. Sorridente, deixava notar a alegria com a notícia de que iria receber alta no dia seguinte. Dizia estar ansiosa para voltar para casa.

Seu único incômodo era com a própria aparência – havia perdido cerca de 10 quilos, desde que dera entrada no hospital.

– Mas não vou reclamar disso. O importante é que eu estou viva.

Ao emendar o comentário, explicou que o incômodo não era puramente estético. Preocupava a moça a possível curiosidade de pessoas que a vissem muito emagrecida repentinamente e a enchessem de perguntas.

Estela saiu do hospital com a pneumonia curada. A lesão em seu cérebro havia regredido quase totalmente. E os movimentos da mão haviam sido recuperados em parte – a jovem tinha ainda dificuldades para realizar atividades que exigissem coordenação motora fina, como escrever. Com fisioterapia, poderá retomar a destreza nos movimentos.

Apesar de ter ainda um período de reabilitação pela frente, a jovem saiu do hospital livre das infecções oportunistas que colocaram sua vida em risco. E o tratamento contra o HIV também estava funcionando. Pouco mais de um mês tomando o coquetel anti-HIV e a moça estava já sem sinais do vírus da AIDS no sangue. Atingiu a chamada carga viral indetectável, que indica que o HIV está sob controle, sob ação dos remédios, e não mais causa danos às defesas do organismo. Sua imunidade também vinha se recuperando num bom ritmo.

Desse ponto em diante, a condição para Estela se manter viva e saudável, com o HIV, é uma só: seguir tomando os remédios do coquetel todos os dias, sem falhas, para sempre. Ou até que seja descoberta a cura da AIDS.

★★★★

Aos 16 anos de idade, Mateus tinha recém-iniciado sua vida sexual quando resolveu se consultar com um médico. Notou que estava com sinais de ter contraído HPV, um vírus bastante comum, que chega a atingir 8 em cada 10 pessoas sexualmente ativas, em algum momento da vida.[1] A infecção por HPV passa despercebida, sem sintomas, na maioria dos casos, e regride espontaneamente. Numa pequena parcela dos contágios, no entanto, manifesta-se através de feridas microscópicas ou verrugas aparentes nos genitais. Nesses casos, as lesões precisam ser tratadas, porque podem predispor à aquisição de outras doenças sexualmente transmissíveis e, no longo prazo, até levar a alguns tipos de câncer. Mas o tratamento é simples, feito com medicamentos, cauterizações ou pequenas cirurgias, conforme cada caso.

Era para ser um problema resolvido sem maiores complicações, portanto. Não fosse o fato de os exames terem revelado a Mateus uma segunda notícia: além do HPV, ele tinha contraído HIV, o vírus da AIDS. Nove anos depois, ele conta como tudo começou:

– O médico com quem me consultei, à época, por causa do HPV me pediu uma bateria de exames. Quando fui buscar os resultados, com a minha mãe, vimos que o teste de HIV também tinha dado positivo. Não acreditamos. Sempre tive a saúde boa, pratico muito esporte desde criança. Nossa reação foi achar que o teste estava errado. Repeti o exame umas três vezes, em laboratórios diferentes. E todos deram positivo. Foi aí que caiu a ficha de que eu tinha mesmo pegado [*o vírus da AIDS*].

Mateus diz não ter entrado em desespero com a notícia, porque tinha noção de que existia tratamento para controlar o vírus e que poderia viver bem, caso se cuidasse. Apesar do autocontrole em relação à própria situação, doeu-lhe muito ver o sofrimento da mãe, que acompanhou tudo desde o começo.

– Ela tentava não demonstrar fragilidade na minha frente, mas eu sabia que ela estava acabada.

O rapaz acredita que tenha assumido um comportamento vulnerável por estar num período de assimilar muitas descobertas, no primeiro ano de suas experiências sexuais. Aos 15 anos, sabia que devia usar camisinha e era cuidadoso, na maior parte das vezes. Mas, em certas situações, deixava-se levar.

– Se estava com uma pessoa mais experiente, por exemplo, me colocava nas mãos dela. Caso a pessoa não mencionasse o preservativo, acabava deixando rolar sem. Bastava ficar um pouco mais íntimo do sujeito, confiar um pouco mais... Hoje, quando lembro dessa época, vejo que eu tinha uma postura totalmente submissa de quem está aprendendo. Não sabia falar "não".

Nessa época, Mateus não tinha com quem conversar sobre sexo. Havia contado para os pais que era gay, assim que teve certeza de sua orientação, aos 15 anos, mas não tinha noção do quanto a família havia conseguido aceitar o fato. Por isso, não se sentia à vontade para contar que estava saindo com alguém e falar sobre suas dúvidas.

Surpreendentemente, a conversa com os pais tornou-se mais aberta depois da notícia do HIV:

– A relação com meus pais tornou-se mais transparente a partir daí, porque se criou uma situação de eu precisar contar praticamente tudo da minha vida para eles. Então, a comunicação ficou mais fácil que antes, quando as coisas eram ditas em meias palavras. Hoje somos mais sinceros uns com os outros. Obviamente, não foi fácil chegar até aqui. Nesse tipo de situação, o começo é sempre muito difícil. Parece que o mundo vai acabar, que não vai ter mais volta. Mas nada como o tempo pra dar jeito. Claro, as pessoas têm que estar dispostas a mudar de acordo com as situações que vão acontecendo. Eu acho que tive a oportunidade de viver essa mudança de mentalidade com a minha família. A passos lentos, conseguimos.

Mateus diz que os pais reagiram de forma mais difícil à notícia de que era gay do que ao fato de ter contraído o HIV:

– Para os pais, ouvir que o filho é gay quebra uma série de expectativas – de que o filho vai se casar numa igreja, que vai lhes dar netos... Já ouvir que o filho tem HIV não quebra expectativa nenhuma, porque ninguém espera que o filho vá ter AIDS. Ninguém pensa sobre isso.

Quando contou que era homossexual, antes mesmo de descobrir o HIV, a mãe de Mateus o levou a um psiquiatra; o pai, evangélico, levou-o à igreja para exorcizar seus demônios:

– Como eu estava naquela situação de cabeça baixa, me sentindo culpado pela dor deles, fui. Sabia que não ia adiantar, mas pensava: "Não vou me rebelar para não deixá-los mais tristes ainda...". No fundo, entendia que eles estavam tentando me ajudar do jeito deles. Fui tentando dar tempo para eles compreenderem que as coisas não iriam mudar: não iria mudar a minha sexualidade nem nada mais. Eu ia continuar tendo a mesma índole, o mesmo caráter, estudar, trabalhar, tudo igual. Só não ia me casar com uma mulher.

Depois de dois anos da revelação, o rapaz percebeu que a mãe passou a lidar com tranquilidade em relação ao fato de ser homossexual. Do pai, o rapaz sente respeito:

– Não sei se ele aceita – pelas convicções religiosas dele, talvez ele nunca consiga aceitar. Mas respeita. Ele já chegou a convidar um namorado que eu tive para eventos da família. E agora, que estou solteiro, de vez em quando pergunta se estou namorando.

No balanço dos últimos nove anos de sua história com o HIV, Mateus avalia que a parte mais simples acabou sendo a do tratamento. O rapaz toma cinco comprimidos por dia, que o mantêm saudável. Praticamente não teve efeitos colaterais. Somente durante um período, ficou com o colesterol elevado. Precisou controlá-lo temporariamente com medicação, mas hoje consegue mantê-lo em níveis normais apenas com seu estilo de vida.

Ele se exercita diariamente – nunca menos que uma hora –, em geral, com um treino de musculação. Como é instrutor físico de profissão, ainda faz exercícios com os alunos durante as aulas de bicicleta, corrida, dança, pilates, entre outras. No tempo livre, gosta de ir a parques fazer atividades ao ar livre.

– Estou sempre me mexendo. Exercício é muito poderoso, especialmente no quesito imunológico. Um verdadeiro salva-vidas.

No mais, come de tudo, sem cometer muitos exageros. Como sempre bebeu pouco, diz não ter precisado fazer mudanças nessa parte.

Para Mateus – assim como para quase todas as pessoas ouvidas neste livro –, a parte mais difícil de viver com o HIV são os relacionamentos:

– Com a família, já melhorou muito. Mas, na vida amorosa, ainda é complicado. No começo, eu não contava [*que tenho*

HIV]. Já cheguei a namorar quase um ano sem falar do assunto. Era ruim, porque ficava naquela preocupação toda de proteger a pessoa, então, uma situação que era para ser relaxada acabava sendo tensa. E parecia que ficava faltando alguma coisa no relacionamento. Mesmo sentindo esse incômodo, não conseguia falar do assunto. Ficava sempre ponderando se a relação ia durar e se a pessoa iria entender. A minha vontade era contar e tampar o ouvido pra nem saber como ela ia reagir. Claro: se você se afeiçoa a alguém, não quer que te fale "não". Aos poucos, passei a contar para aqueles com tive relações mais duradouras.

Um ano antes de conceder seu depoimento para este livro, Mateus havia começado a realizar sessões de psicanálise, o que vinha lhe ajudando a lidar mais tranquilamente com esse capítulo amoroso:

– Hoje, quando penso em falar disso para alguém, não sinto mais uma faca no meu coração, como antes. No meu último namoro, tive a sorte – nem sei se posso dizer sorte ou não, mas enfim... – eu tive a sorte de namorar um outro HIV [*-positivo*]. Ficamos dois anos juntos. Foi bacana.

Apesar de almejar aceitação ao revelar ser portador do vírus da AIDS, Mateus considera que é inerente ao ser humano fazer julgamentos, consciente ou inconscientemente. Ele próprio já se pegou colocando-se em posição de inferioridade em relação às pessoas que não têm HIV. Atualmente, sua autoestima tem falado mais alto:

– É uma situação que faz parte da minha vida. Quer vir comigo? Então, vem. E se não quiser? Hoje em dia, eu já consigo pensar que, então, ok, não é a pessoa certa pra mim.

★★★★

Flor, fisioterapeuta, 30 anos, descobriu-se soropositiva aos 29. Ao que tudo indica, detectou a infecção no começo – questão de meses ou, no máximo, um ano, a contar do último teste de HIV que fizera, com resultado negativo. Exatamente porque teve o diagnóstico precoce, não chegou a desenvolver o quadro de AIDS e a sofrer com doenças oportunistas, ao contrário de Estela. Também graças à descoberta adiantada, pode tomar poucos comprimidos ao dia de medicações mais modernas, que não lhe causam efeitos colaterais incômodos. O tratamento foi iniciado três meses após o diagnóstico.

– Foi tão tranquilo tomar os remédios, mesmo no princípio, que eu cheguei a pensar: será que já está funcionando?

Os bons resultados de seus exames atestam que sim.

A maior dificuldade de Flor tem sido lidar com o fato de ser portadora do vírus da AIDS numa cidade pequena, onde conhece muita gente. Quando vai buscar seus medicamentos no posto de saúde do governo, por exemplo, vive a tensão de encontrar alguém conhecido. Em duas ocasiões, isso aconteceu, de fato. Numa delas, como ainda não tinha sido vista, aguardou do lado de fora; na outra, precisou inventar uma desculpa.

Flor também não se sentiu à vontade para fazer o acompanhamento médico periódico, necessário a todo portador do HIV, na sua própria cidade. Numa de suas primeiras consultas, ficou horas na sala de espera aguardando ser atendida. De novo, veio o receio de ser vista na antessala de um infectologista e ter sua condição de soropositiva revelada.

Para não ter de passar por isso sempre, decidiu espremer o bolso e deslocar-se até São Paulo para se tratar com um médico de referência na área. A cada quatro meses, faz exames e é avaliada por ele. A família toda se mobilizou para que a jovem pudesse ter esse cuidado.

Na percepção de Flor, morar numa cidade pequena complica também a maneira de se relacionar:

– Piora o drama do "falar ou não falar?". De repente, eu conto para a pessoa, ela vai querer desabafar com alguém, daí desse alguém vai para outro alguém, e assim por diante. Então, se eu começo a me precipitar e a contar pra gente que não é de extrema confiança, daqui a pouco a cidade inteira está sabendo. E aí, em qualquer lugar que eu for, o HIV vai chegar antes de mim. Eu não vou mais ser a Flor, vou ser "a soropositiva".

Por causa desses receios todos, tem sido difícil para a moça abrir-se para novas relações. Ela, que já se considerava "fechadona" para namoros, diz estar ainda mais reservada. Um ano após o diagnóstico, havia tido apenas uma curta história com um amigo, que se declarou pouco tempo depois que ela soube ter contraído o HIV.

– Naquele momento difícil, foi importante o flerte dele, porque eu me senti querida – contextualiza.

No princípio, a moça só marcava encontros com o amigo em locais públicos para não se colocar numa situação delicada. Levou a paquera dessa maneira durante alguns meses. Até que se sentiu segura para ir adiante: o médico havia lhe explicado que, tomando religiosamente os remédios, em pouco tempo a quantidade de vírus em seu organismo chegaria a um nível muito baixo, a ponto de os exames não conseguirem mais detectá-lo. A partir daí, mantido o uso das medicações e do preservativo, não haveria risco de transmissão do vírus.

Pensou em contar sobre o HIV para o amigo, antes de darem o passo seguinte. Imaginou, inclusive, a possibilidade de ele já saber da situação. Por ter estado próximo a ela na época do diagnóstico, Flor imaginou que o rapaz pudesse ter notado sua fragilidade e descoberto a informação de alguma maneira. Para sua surpresa, na hora H...

– Ele tentou vir sem camisinha. Aí, eu me dei conta: "Ele não sabe". Tive que ficar na defensiva o tempo inteiro: "Não, isso eu não posso; não, isso eu não quero...". Eu me protegendo, a pessoa vem vindo sem querer saber de nada? E não percebeu nenhuma diferença em mim em todos aqueles meses? Concluí que não era uma relação que iria pra frente... Decidi não falar.

Apesar da decisão tomada, Flor não se sentiu à vontade com a situação.

– Não consegui tirar o assunto da cabeça nem naquele momento. Por mais que o meu médico tenha me explicado que não tinha necessidade de eu contar sobre o HIV pra quem eu estivesse começando a me relacionar – já que eu venho mantendo o vírus sob controle, com o tratamento –, parecia que eu estava cometendo um crime em não falar. Poxa vida, eu não sou um revólver apontando para as pessoas! Mas eu mesma fico achando que tenho que falar, que a pessoa tem direito de saber... Aí o que acontece é que eu vou me afastando. Acho que o sexo só vai voltar a ser prazeroso pra mim depois que eu tomar coragem de contar.

A percepção de risco e da absoluta necessidade do uso do preservativo mudaram para Flor, após o diagnóstico. Ela conta que, antigamente, a dificuldade que tinha em lidar com a camisinha acabou levando-a ao sexo desprotegido, em algumas ocasiões:

– Como usar a camisinha de modo que não atrapalhe o sexo? Isso deveria ser tema de aula de educação sexual desde cedo. Eu não aprendi. Se o cara tomava a iniciativa de colocar, tudo certo. Mas se dava o negócio na minha mão, eu não sabia o que fazer direito. A camisinha feminina, que seria uma forma de poder me preparar antes e não precisar negociar esse assunto com o cara, achei péssima de usar.

Flor conta que, nas vezes em que deixou de usar preservativo, não o fez de maneira totalmente despreocupada. Mas confessa que seus receios se davam em relação a outras doenças sexualmente transmissíveis (DSTs) que não a AIDS.

– Eu nem pensava em HIV, porque achava que ninguém das pessoas com quem eu me relacionava podia ter [*o vírus da AIDS*]. A pessoa está na sua frente limpinha, bonitinha, cheirosinha... "Não tem nada", você pensa... Foi o erro que eu cometi. Atualmente, sou da opinião de que até namorados em relacionamentos longos deveriam usar preservativo. É muito sinistro você se colocar em risco. E, de todo modo, agora, pra mim, sexo sem camisinha é um assunto de consultório médico, e não somente uma decisão entre parceiros.

Flor conta que se sente com ótima saúde, desde que iniciou o tratamento. Há um bom tempo nem gripe tem tido. Acredita que, depois do diagnóstico, tornou-se mais cuidadosa consigo mesma: anda sempre com um casaco na bolsa, para o caso de uma virada no tempo, e, se está numa festa, fica atenta ao próprio copo para evitar compartilhá-lo com os outros e arriscar pegar uma virose qualquer.

O que ainda a deixa "cismada" é pensar no futuro:

– E se um dia o meu corpo não reagir bem ao tratamento mais? Será que eu vou ficar mal? Me lembro que logo antes do diagnóstico eu tive um monte de coisa – dor de garganta, depois conjuntivite, depois a pele toda empelotada... Aí eu fico pensando: "Cara, sem tratamento é assim que o corpo fica?".

Eu penso muito em câncer, por exemplo, porque eu fumo [*a incidência de alguns tipos de tumor é mais alta em pessoas HIV-positivas que não se tratam corretamente e ficam com as defesas do organismo debilitadas*]. Agora, toda vez que eu acendo um cigarro, vem "câncer" na minha cabeça. Putz, eu não posso fumar um cigarro em paz, sem pensar numa coisa ruim? Também morro de medo da tal lipodistrofia.* Imagina o meu corpinho bonitinho, meu "bumbunzinho", tudo esquisito, fora do lugar?

Uma das questões que mais a abalaram, desde que teve o diagnóstico, foi saber que mulheres portadoras do vírus da AIDS não podem amamentar seus bebês.

– Eu sempre me imaginei grávida, deitadinha na cama, amamentando... É uma coisa que eu sempre quis. E, agora, fico

* A lipodistrofia é um distúrbio associado a uma categoria específica de remédios anti-HIV, que altera a distribuição da gordura corporal. Algumas pessoas que se tratam com essa medicação perdem gordura nas bochechas, nos glúteos e nas pernas e a acumulam na barriga e nos seios.

pensando nos comentários que vou ter que ouvir, no futuro, quando tiver filhos: "Logo a Flor, que falava tanto na importância da amamentação, agora dando mamadeira... Por que será?". Vai ser uma fisgadinha no peito, cada vez que ouvir esse tipo de coisa. Claro que tudo dá pra consertar, dar uma desculpa... Mas são preocupações que não existiam antes e agora se tornaram questões pra mim. Eu fico tentando não pensar em tudo isso. Daqui a pouco a cura pode vir e eu vou poder amamentar, vai saber? Sofrer antes não adianta. Hoje eu estou bem e fico feliz por isso. Mas é difícil, viu? Um dos maiores desafios da vida é a gente se manter no presente.

Uma maneira que Flor encontrou para lidar com suas aflições foi escrever anonimamente num blog. Em seus textos, bota para fora o que estiver lhe incomodando e, assim, alivia o pensamento dos problemas. O blog chama-se Drama da Flor, numa referência ao codinome adotado pela moça para tratar dos assuntos referentes ao HIV sem expor sua identidade.

Logo que soube do seu diagnóstico, Flor foi levada por um amigo para conhecer um casal de soropositivos na casa dos 70 anos de idade. Chegou à casa deles completamente acuada, duas semanas após a detecção do vírus. Ouviu atentamente a história de como eles se contaminaram e de como foi contar sobre a doença para suas famílias. Foi ali também que viu, pela primeira vez, os medicamentos que controlam o HIV:

– Me lembro direitinho que o senhor pegou os comprimidos na gaveta da cozinha e me apresentou: "Esse aqui é o coquetel". Colocou o equivalente à dose de um dia na palma da mão e me explicou: "Esses aqui eu tomo tal hora, esses outros tal hora...". Depois me mostraram os exames deles pra me explicar que tipo de avaliação médica eu teria que fazer periodicamente. A coisa começou a clarear um pouco. E me deu uma certa tranquilidade ver pessoas em idade avançada vivendo bem com HIV já há bastante tempo.

Por outro lado, Flor não pôde deixar de comparar suas circunstâncias de vida com as daquele casal acolhedor:

– Eles estão lá, bem casados, com os netos deles... Eu tenho uma vida inteira por construir ainda – um relacionamento, uma carreira... As pessoas têm muito mais o que falar de mim do que deles. Os velhinhos podem tudo, né? [*sorri*] A gente que é jovem é que faz coisa errada, parece. Às vezes eu me sinto assim: errada. É esquisito.

CAPÍTULO 5

"Onde já se viu falar para uma senhora de idade que ela tem HIV?"

Marieta tem 86 anos e é professora de piano. Seus cabelos lisos, curtos e completamente brancos emolduram um rosto tomado por rugas, levemente corado de sol, composto de um par de olhos pequenos e um sorriso que se abre fácil. A silhueta em boa forma, cultivada em exercícios diários na piscina do condomínio onde mora, confere-lhe uma agilidade de movimentos surpreendente para o avançado da idade. O jeito informal de se vestir – usava calça jeans, na primeira entrevista para este livro, e camiseta branca de malha, sem manga, com uma bermuda de tecido leve, no segundo encontro – contribuem para o ar jovial e prático.

A aparência condiz com o espírito descomplicado da professora. Até dez anos atrás, ela alugava três dos quatro quartos de sua residência em São Paulo para jovens universitários. Viúva e morando sozinha num apartamento de 280 metros quadrados, resolveu seguir a sugestão de um dos filhos, que, em viagens ao exterior, observou muitos casais de idosos hospedarem estudantes em suas casas para desfrutar de companhia. Durante pouco mais de uma década, cinco rapazes e moças passaram pelo lar de Marieta, vivendo lá até completarem os estudos. Nesse meio tempo, ficaram amigos. "Nunca me deixaram contribuir com o dinheiro da pizza", ela diz, sorrindo. Dos ex-inquilinos, a professora lembra nome, sobrenome e que rumo tomaram na vida.

Hoje, a pianista vive parte do tempo em São Paulo e parte no Rio de Janeiro, as cidades onde moram seus dois filhos. No Rio, frequenta a Barraca dos Voadores, na Praia do Pepino, em São Conrado, onde é frequentemente cumprimentada pelos pilotos de asa-delta. Ali, gosta de observar os pousos dos corajosos e de caminhar no calçadão. Quando a saudade do outro filho aperta, em São Paulo, ou quando ela precisa fazer exames e consultas médicas, volta para a terra natal.

Quem vê a disposição e o estado de espírito da pianista não imagina a história de vida que tem.

O ano de 1993 foi marcante para Marieta. Num dia de semana como outro qualquer, ela foi levada ao pronto-socorro depois de um desmaio. O mal, aparentemente súbito, na verdade vinha antecedido, havia alguns anos, por uma sensação constante de fraqueza e falta de ar, que ela tentava resolver tomando antialérgicos fornecidos por médicos amigos da família. Internada, Marieta foi submetida a exames dos mais diversos tipos, que vasculharam seu corpo de cima a baixo, em busca da causa de seu mal-estar.

A princípio, nada de anormal foi encontrado nos testes de sangue. Mas um quadro grave de pneumonia identificado através de uma imagem de raio X e a presença de "sapinho" no esôfago, observada numa endoscopia, deram a pista para os médicos do que se tratava. Uma segunda amostra de sangue colhida da professora, ao ser submetida a outro tipo de exame, revelou o problema. Marieta descobriu, aos 66 anos de idade, que havia contraído o vírus da AIDS. E a doença estava já em estado avançado. Ao que indicavam os exames e seu quadro de saúde, a professora estava infectada havia vários anos.

– Quando recebi a notícia, parece que um prédio veio abaixo na minha cabeça. Nessa época, ninguém falava que uma pessoa com a minha idade, casada, podia ter AIDS. Um dos meus filhos queria "matar" o médico por ter me dado a notícia de supetão. "Onde já se viu falar para uma senhora de idade que ela tem HIV?", disse, indignado, na época.

No começo, preocupada com seus filhos e netos, Marieta esmaltou pratos, xícaras e talheres em casa, para marcar o que era de seu uso. Separou roupa de cama. Fervia tudo. Ia para a praia com os netos e ficava preocupada quando um mosquito a picava – e se ele depois picasse as crianças? Tinha dúvida até se podia entrar com os meninos na piscina. Aos poucos, foi entendendo que esse tipo de convivência não oferece perigo algum. Depois de compreender que o vírus só pode ser transmitido em relações sexuais desprotegidas, no contato sanguíneo e na amamentação, passou a ter vida normal. Por precaução, pediu à toda a família que fizesse o teste de HIV – os resultados, para seu alívio, foram negativos.

Marieta conta que, pouco tempo depois de receber o diagnóstico, foi a uma dermatologista se consultar em função de uma descamação na pele e de uma micose nas unhas (sintomas comuns a quem está com o sistema imunológico debilitado). Contou que era soropositiva e mencionou que havia ficado viúva recentemente. Ouviu um comentário infeliz:

– "Então, seu marido era mulherengo, hein?", disse a médica [*Marieta contrai os lábios e ergue as sobrancelhas, numa expressão de quem diz: "Tive de ouvir isso..."*]. Nem eu fiquei investigando se peguei dele. Pela lógica, até deve ter sido... Nunca fiz transfusão de sangue, nunca usei droga e só tive relação [*sexual*] com meu marido. Mas ele morreu e pronto. Não fiquei revirando o assunto.

O marido de Marieta faleceu em 1992, depois de uma queda no banheiro. Foi internado, encaminhado para a UTI e de lá não saiu. Mas, antes disso, já não andava bem.

– Os médicos estavam fazendo exames, achando que ele tinha câncer. Talvez já estivesse fraco por causa do HIV.

As amigas de Marieta sabem que ela é portadora do vírus da AIDS. A notícia não mudou em nada suas relações de amizade, ela diz. Uma das amigas, inclusive, confidenciou-lhe ter perdido um irmão portador do vírus.

– Era um moço lindo, com mulher e duas filhas. Não aguentou viver com isso e suicidou-se. A minha amiga ficou traumatizada por causa dele. Quando eu contei que também era portadora do HIV, ela se apavorou. Não me largava um minuto. Queria cuidar de mim.

A única exceção, ela conta, foi a reação de uma amiga e vizinha carioca, enfermeira, a quem contou recentemente ser HIV-positiva, imaginando receber uma indicação de um posto do governo próximo de casa para retirar os remédios no Rio, quando estivesse lá. Ou ao menos poder contar com uma pessoa de confiança, caso precisasse de ajuda algum dia. Para sua surpresa, ouviu uma recomendação muito preocupada da amiga:

– "Não conta pra mais ninguém aqui no Rio que você é soropositiva, senão você vai se queimar", ela disse. Espera aí, eu levo vida normal... Meus filhos tomam no meu copo, não tem nenhum problema. Como ela me fala uma coisa dessas, sendo uma profissional da saúde?

Marieta está há anos sem sinais do vírus no sangue e com as defesas do corpo recompostas. Adaptou-se bem ao tratamento do HIV. Atualmente, não tem maiores queixas em relação aos efeitos das medicações:

– Os remédios que eu usei nos primeiros anos de tratamento me davam fraqueza. Mas, depois, quando chegou o coquetel, fiquei com uma energia danada. Duas amigas, que são 20 a 30 anos mais jovens do que eu, até já brincaram que queriam tomar o coquetel pra dar conta de me acompanhar. Acho até que o meu médico vai ter que me dar um calmante. Eu não me seguro!

Capítulo 6

"Meu namorado era um cara alto, forte, ninguém dizia que ele tinha esse problema"

Renata, 46 anos, dona de casa, descobriu que havia contraído o vírus da AIDS em 1989. Tinha 22 anos e estava no último semestre da faculdade quando começou a ouvir falar do assunto com frequência. Resolveu, então, incluir um teste de HIV nos seus exames ginecológicos regulares.

– Nunca pensei que pudesse dar positivo. Eu nunca tinha tido nenhum comportamento de risco – diz.

Renata imaginava-se protegida, porque tinha um namoro estável com Julio, um homem alto, forte, de aparência saudável. Era o primeiro homem com quem ela havia se relacionado sexualmente. Renata também nunca havia usado drogas que a pudessem colocar em risco.

O que ela não sabia é que Julio era ex-usuário de drogas injetáveis. E o casal deixava escapar o uso do preservativo vez ou outra.

A recordação do dia em que soube do resultado do exame está intacta na memória de Renata. Ela chegou em casa depois das aulas da faculdade, almoçou com apetite e, à tarde, foi à ginecologista saber os resultados dos exames que tinha feito. Sentou-se em frente à médica, que, cheia de dedos, começou a falar:

– Você não precisa se preocupar, a fulana (secretária) é bem discreta, não vai comentar nada com ninguém.

Em seguida, disparou:

– O seu exame de HIV deu positivo.

Renata foi para casa confusa e passou dias pensando na estranheza da notícia. Sentia-se bem e não imaginava como poderia ter contraído o vírus. Na época, ouvia alguns rumores sobre o envolvimento passado de Julio com drogas, mas não tinha noção de que tinha sido algo pesado. Conversou com o namorado sobre o resultado do teste e ouviu que ele não tinha nada. Marcou, então, uma conversa com a sogra e expôs a situação:

– Eu fiz um exame de HIV e deu positivo. Não estou entendendo... Acho que o Julio tem alguma coisa.

A mãe do rapaz também negou. Segundo Renata, a família do namorado era bastante simples e, naquela época, não acreditava sequer que AIDS existia.

Mas ela continuou com a suspeita em relação a Julio – a única forma de contaminação que conseguia supor. Um dia, procurando algo nas gavetas do quarto do namorado, encontrou exames que ele havia feito na clínica onde se internou para o tratamento da dependência química, antes do namoro. Um deles confirmava que o rapaz era HIV-positivo.

Renata soube de tudo isso em abril. Em maio, descobriu que estava grávida.

– Fiquei no maior dilema sobre interromper ou não a gravidez. Cheguei a ir com a minha mãe a uma clínica de aborto. Mas houve uma confusão com os horários e, quando chegamos, o médico tinha saído. Fomos embora. Depois desse episódio, comecei a pensar: "Eu tô grávida, solteira, com essa doença... O que vai ser de mim?". Nessa época, o diagnóstico de AIDS ainda era sinônimo de morte, e as pessoas tinham medo até de encostar em quem fosse HIV-positivo. Decidi: "Vou me casar. Pelo menos eu morro ao lado do meu marido, na minha casa".

Renata casou-se grávida de quatro meses. Essa foi a pior fase de sua vida, ela diz. Durante toda a gestação, sentiu remorso por ter levado a gravidez adiante. E precisou lidar sozinha com suas culpas e seus medos. Além de não poder contar com a família de Julio, só revelou aos próprios pais que tinha se infectado com o vírus da AIDS quando sua filha estava com quase um ano de vida.

A caminho do hospital, na hora de dar à luz, pediu a Deus:

– Se for pra ter uma criança doente, eu quero morrer nesse parto e quero que o bebê morra também.

Renata acabou não contando que tinha HIV para a obstetra que fez o seu parto. Ela já havia conversado com outros três médicos do convênio sobre o assunto, e todos se recusaram a atendê-la. De uma médica, ouviu explicitamente:

– Eu não posso colocar uma HIV-positiva dentro do meu consultório.

Ainda hoje, Renata custa a acreditar no que ouviu:

– O médico faz um juramento de que vai atender as pessoas, não pode discriminar... Diante daquela situação, eu pensei: "Bom, os médicos têm que tomar os cuidados deles de qualquer maneira, então, eu não vou falar". Talvez não tenha sido o mais correto, mas as pessoas também não foram corretas comigo.

Depois que sua filha, Aline, nasceu, Renata expôs a situação ao pediatra. Ele, então, explicou-lhe que seria necessário esperar a criança completar um ano de vida para submetê-la ao teste de HIV – antes desse prazo, existia a possibilidade de um resultado falso positivo, já que o bebê pode herdar da mãe os anticorpos contra o HIV, ainda que não tenha contraído o vírus.

Pouco antes de completar o prazo para a realização do teste em sua menina, Renata viajou de férias com o marido, por alguns dias, e deixou a nenê aos cuidados de seus pais. Na volta, reparou que Aline estava com um roxo num dos braços. A mãe de Renata disse que a criança havia sido picada por um pernilongo. Na verdade, não quis revelar que o exame de HIV havia sido feito, pois ainda não sabia o resultado. Alguns dias depois, a mãe de Renata chegou a ela, deu-lhe um abraço e contou-lhe que o teste revelara que Aline não havia sido infectada.

Com a voz embargada, Renata relembra o que foi, para ela, um dos dias mais felizes da vida:

– Essa notícia me fez achar que tudo valeu a pena. Ainda hoje eu sou muito grata aos meus pais, pelo gesto generoso que eles tiveram de me poupar e passar por esse drama sozinhos.

Assim que soube do resultado, Renata ligou para o pediatra de Aline e perguntou quando precisaria refazer o exame para ter certeza do resultado. Ouviu a resposta com grande alento:

– Nunca mais.

Faz nova pausa e, contendo o choro, comenta:

– Eu nunca vou conseguir falar disso sem me emocionar. Acho que eu não teria suportado a culpa de envolver uma criança nessa história.

Como Renata não tinha sido acompanhada por um médico que soubesse de sua condição, durante a gestação, não foram conscientemente tomadas as medidas já conhecidas para prevenir o contágio do bebê. Mas ter sido submetida a uma cesariana – embora a escolha tenha se dado por outro motivo – foi muito importante. O fato de ela praticamente não ter conseguido amamentar a filha também contribuiu pra que desse tudo certo.

Renata enxerga o resultado negativo do teste de Aline como um divisor de águas em sua história. Foi a partir dali que passou a vislumbrar uma luz no fim do túnel.

Em 1992, começou a tomar os remédios para controlar o vírus. O início do tratamento não foi fácil. Equilibrando-se entre três empregos e os cuidados de uma filha pequena, acordava às 5 horas da manhã para tomar um dos medicamentos, que, à época, requeria jejum. Com o estômago delicado, ela não conseguia tolerar os comprimidos. Passou mal diversas vezes a caminho do trabalho e durante reuniões.

Depois dos primeiros anos de tratamento, passou a tomar medicações mais potentes e eficazes contra o vírus, de um tipo que os médicos chamam de "inibidores da protease". Esses já não lhe provocavam enjoo, mas lhe causaram lipodistrofia, um distúrbio que altera a distribuição da gordura corporal e, no seu caso, causou perda de gordura nas pernas e nos glúteos e acúmulo na barriga.

– Eu tinha as coxas bem grossas e fui ficando com as pernas finas e as veias saltadas. Tinha gente que me falava: "Você está fazendo muita ginástica!".

Há 13 anos, Renata passou a se tratar com remédios mais modernos e deixou de tomar os medicamentos que causam esse efeito colateral. Fez lipoaspiração na barriga e colocou próteses de silicone nas coxas e no bumbum. Ficou satisfeita com a melhora na parte estética.

Para quem, há 24 anos, imaginou morrer de AIDS ao lado do marido, a vida seguiu um rumo completamente diferente. Renata foi segurando as pontas com os recursos precários de tratamento que havia no início e, assim, pôde se beneficiar dos remédios que conseguiram controlar o vírus de forma permanente, mantendo-a saudável até hoje, sem manifestar os sintomas da doença. E mais: está agora confiante de que vai poder usufruir dos tratamentos que trarão a cura da AIDS. Julio, o pai de sua filha, de quem contraiu o HIV, seguiu outro caminho: desistiu do tratamento e faleceu em 2006, com um quadro de infecções oportunistas típicas da AIDS.

Quando Julio morreu, ele e Renata já não estavam casados. Separaram-se em 1994. Nos anos seguintes à separação, Renata teve três namorados. Para todos eles, contou que era HIV-positiva logo nos primeiros encontros, antes que se tornassem íntimos. Notou que um dos rapazes não conseguiu lidar com a situação e ficaram juntos por apenas um mês. Os outros dois relacionamentos duraram cerca de um ano e, na percepção de Renata, terminaram por outros motivos.

Em 2002, ela diz, encontrou "a tampa de sua panela".

Francisco, de quem está junto até hoje, era amigo de uma amiga. O círculo social em comum dificultou que ela desse a notícia logo de cara. Temia que o moço a rejeitasse e ainda pudesse contar seu segredo a conhecidos. Até então – e ainda hoje –, Renata só havia revelado sua condição soropositiva para a própria família e a do ex-marido, além de três amigos muito próximos.

Como ela e Francisco usavam preservativo sempre, Renata tinha segurança de que o namorado estava protegido. Resolveu adiar a conversa. Os problemas começaram quando, depois de seis meses juntos, Francisco passou a sugerir que eles deixassem de usar camisinha.

– Eu comecei a ter dor de estômago de nervoso. Como é que eu ia falar uma história dessas já tendo intimidade com a pessoa? E eu lembro que o meu namorado sempre vinha me mostrar uma carteirinha de doador de sangue, como se dissesse: "Tá tudo bem comigo".

Numa ocasião em que Francisco estava viajando para o exterior a trabalho, ele e Renata falaram-se por telefone. Estranhando a voz da namorada, ele questionou o que ela tinha. A maneira que Renata encontrou para dar a notícia foi a seguinte:

– É que o meu ex-marido fez um exame de HIV e deu positivo. Eu fiquei muito preocupada e também vou fazer.

A primeira reação do namorado foi questionar se Renata ainda mantinha algum tipo de relacionamento com Julio. Ela tratou de esclarecer que não, mas alegou ter receios por ter sido casada com ele durante muitos anos.

– O homem do outro lado do mundo! Olha o que eu fiz! Ele ficou muito atordoado e foi fazer o exame no exterior mesmo. O teste dele deu negativo.

No começo, Francisco se afastou. Passou uma semana sem ligar para Renata.

– Eu só chorava. Nós já estávamos bem apaixonados.

Aos poucos, ele foi se reaproximando. Renata o levou a seu médico, que lhe relatou atender vários casais na mesma situação. E garantiu que, com o uso do preservativo, não haveria problemas. Graças ao tratamento contínuo, Renata tinha atingido o estado chamado de "carga viral indetectável". Essas três palavras que estão na ponta da língua de qualquer portador do vírus da AIDS em tratamento – e foi dita por todos os que concederam entrevista para este livro – significam que os remédios conseguiram reduzir a quantidade de HIV no sangue de Renata a níveis extremamente baixos, a ponto de os exames nem conseguirem mais detectá-lo. Nessas condições, as chances de uma pessoa transmitir o vírus a outra são muito pequenas. O risco de contágio é reduzido em 96%, segundo os estudos mais recentes feitos com casais sorodiscordantes, em que uma das pessoas tem o HIV, e outra, não. Se a camisinha é usada, então, o risco é minimizado a algo próximo de zero. Mas é preciso que o portador do vírus tome os remédios de forma contínua, sem falhas. Do contrário, o perigo da transmissão volta a aumentar.

Francisco se sentiu seguro com a explicação do médico. Talvez até demais, segundo avalia a própria Renata:

– Agora veja como são as coisas: hoje em dia o Francisco não usa camisinha de jeito nenhum. Eu acho supererrado. Já expliquei mil vezes que eu tenho o vírus sob controle, mas, em algum momento, o HIV pode criar alguma resistência aos remédios, e ele está se expondo. Digo pra ele: "E se você der um azar e pegar?". Ele responde: "Aí é só tomar os remédios". E eu alerto: "Não é fácil tomar esses medicamentos. Eu já tive um monte de efeito colateral, você pode ter também". Mas acho que ele me vê bem hoje e não se convence... E, nas vezes em que tentou usar preservativo, agora com mais idade, não conseguiu, então acaba não querendo. Nem sei se você deveria publicar isso, porque os jovens podem ler e achar que não se pega fácil o HIV. E não é bem assim. Eu estou em tratamento há mais de 20 anos, então as chances de eu transmitir são realmente muito pequenas. Mas tem um monte de gente por aí que tem o vírus e nem sabe, não se trata. Daí, transmite mesmo.

Renata diz repetir a palavra "camisinha" quase como um mantra para a filha. A cada namorado novo, pede que ela faça o teste e, em seguida, solicite ao rapaz que faça o mesmo. Diz que Aline é atenta à prevenção, por saber de sua história, mas nota que as amigas da filha não se preocupam o quanto deveriam. Um dia, ouviu de uma elas:

– Ai, tia, mas é tão gostoso transar sem camisinha...

Respondeu que conhecia pessoas que haviam contraído o HIV através do sexo. E recomendou mais cuidado. Na percepção de Renata, no geral, as pessoas hoje não se preocupam mais com a AIDS:

– Talvez elas não saibam que pode ser bem difícil tomar os remédios e ter uma rotina rígida de exercícios e alimentação controlada, para contornar os efeitos colaterais dos medicamentos. Tem que ter uma determinação muito grande, diária.

Capítulo 7

"Estou casado há 25 anos com o meu vírus"

O executivo Marcio, 52 anos, conta que acaba de fazer bodas de prata. Ele se refere aos 25 anos de convivência com o vírus da AIDS em seu corpo – "um casamento", define. O diagnóstico, realizado em 1989, quando ele tinha 27 anos de idade, foi involuntário. A empresa em que trabalhava submeteu todos os funcionários a um *check-up*, sem informá-los de que o exame de HIV seria incluído. Diante do resultado positivo de Marcio, a empresa o orientou a procurar cuidados médicos. Vinte dias depois, ele foi demitido por telefone.

Naquele tempo, ainda não havia legislação no Brasil que protegesse as pessoas desse tipo de situação. Hoje, uma portaria do Ministério do Trabalho proíbe que as companhias submetam seus funcionários ao teste de HIV de forma obrigatória, seja na admissão, seja em qualquer outro momento. A pessoa que se sabe portadora do vírus da AIDS também não é obrigada a revelar sua condição a ninguém que não queira, inclusive a seus superiores no trabalho. E nenhum indivíduo pode ser demitido de seu emprego por ser HIV-positivo. Quem garante é a Constituição brasileira, que coíbe qualquer tipo de discriminação.

Por linhas tortas, no entanto, a iniciativa da empresa de testar indevidamente os funcionários talvez tenha sido determinante para que Marcio descobrisse cedo a infecção e pudesse receber os cuidados médicos que garantiram sua vida e sua saúde até aqui. Ele explica:

– Na época em que eu recebi o diagnóstico, a AIDS não estava no meu radar. Eu estava feliz da vida com o meu primeiro namorado. Tinha largado a mulher com quem havia me casado, durante a faculdade, pra ficar com ele. Até ouvia falar da tal "praga gay" dos Estados Unidos, como se dizia na época, mas não dava muito crédito, porque não conhecia ninguém no Brasil que tivesse a doença. Tinha gente que dizia ser história pra reprimir os homossexuais.

Em seguida ao diagnóstico de Marcio, seu namorado fez o teste e ficou sabendo que também tinha [*HIV*]. Não se sabe quem se infectou primeiro.

– Provavelmente, ele transmitiu pra mim, porque era mais experiente, tinha 10 anos mais que eu. Mas, de onde quer que tenha vindo, não foi intencional. Naquela época, simplesmente não era hábito usar preservativo.

No ano seguinte, o cantor Cazuza morreu. Marcio começou a sentir uma aura de pânico em torno do assunto. A essa altura, passaram a morrer também pessoas de seu círculo pessoal, vitimadas pela doença.

– Eu perdi uns 50 amigos nos anos 1990 por causa da AIDS. Não estou exagerando, sempre fui um cara de muitas amizades.

A cada pessoa que ia embora, o problema ia ficando mais concreto.

– Meu sentimento, nesse período, era: "Dancei". Por mais que eu não quisesse morrer e não aceitasse essa possibilidade, a expectativa que eu tinha, por tudo o que estava acontecendo à minha volta, era que eu iria durar mais um ano ou dois.

Nessa época, Marcio passou a acompanhar os amigos que se drogavam pesado. Experimentou substâncias que nunca havia usado. "Já que estou ferrado mesmo...", pensava. Um desses amigos morreu de overdose depois de se descobrir HIV-positivo.

– Ele começou a se drogar pra morrer mesmo. Queria alguma coisa que acabasse com o sofrimento mental que estava sentindo. Pra ele, o peso do estigma da AIDS era muito maior que a própria doença. Na época, a pessoa que tinha o vírus estava condenada a ficar fora do circuito. Muitas vezes, a família abandonava, mandava pra fora de casa... Eu vi tudo isso acontecer.

Com ajuda médica, Marcio foi aos poucos recuperando seu norte. Em conversas francas, o infectologista que o tratava – e o trata ainda hoje – não fazia grandes promessas, mas garantia lutar com todas as armas que houvesse. E o aconselhava:

– Foca no seu trabalho, procura ter um relacionamento com alguém...

Marcio foi aos poucos crescendo na profissão e melhorou a vida financeira. Percebeu, com o passar dos anos, que sua saúde continuava estável, o que lhe dava mais confiança no futuro.

Em 1992, iniciou seu tratamento tomando o AZT, que segurou o vírus temporariamente, até deixar de fazer efeito. Depois, usou novas combinações de comprimidos, que detiveram o vírus por mais um período. E, em 1996, passou a se tratar com o coquetel, que virou o jogo de vez.

– Quando eu me dei conta, os meus amigos tinham parado de morrer de AIDS.

O ano de 1996, aliás, foi importante para Marcio não só por causa do coquetel. Foi quando conheceu Antônio, de quem está junto há 18 anos.

– Ele me pôs na linha. Antes dele, eu fiquei uns sete anos meio perdido, fazendo bobagem. Mas, depois que o conheci, fui construindo um equilíbrio emocional muito importante. A chave virou quando eu encontrei alguém pra ficar do meu lado, porque sozinho é difícil mesmo.

No início do namoro, Marcio demorou a contar sobre sua condição.

– O medo da perda, né? Eu já tinha perdido muitas pessoas que eu amava naqueles últimos anos.

Tomava os cuidados necessários, mas sem abrir o jogo. Depois de um ano de relacionamento, tomou coragem e revelou:

– Olha, eu vou te contar uma coisa importante e quero que você fique muito à vontade pra ir embora.

Quando terminou de falar, ouviu uma resposta que o surpreendeu:

– Eu já sabia.

E seguiram juntos, sem nunca conversar a respeito de como Antônio soube.

Passados 25 anos de convívio com o HIV, Marcio diz ter sedimentado a convicção de que não sucumbirá ao vírus:

– Ao longo dos anos, fui criando comigo a seguinte certeza: "Não vai ser fácil essa doença me derrotar; não vou facilitar pra ela". No fundo, comecei a achar que muitos dos meus amigos que haviam morrido tinham se entregado – ou porque não acreditavam que o remédio ia funcionar, ou porque tinham vergonha da própria situação. Tinham dificuldades ligadas ao fato de serem homossexuais e sofrerem preconceito por causa disso. Não aguentaram, além de tudo, ainda ter AIDS.

Marcio atribui sua boa saúde em parte aos remédios – que toma até hoje, conforme seu médico determina – e em parte ao comando positivo de sua cabeça. Diz acreditar piamente que, se uma pessoa quer muito alguma coisa e confia que vai conseguir, de fato a conquista. O contrário também lhe parece verdadeiro: se o sujeito inicia uma jornada achando que vai dar errado, assim será.

– Eu gosto tanto da vida, não quero ir embora tão cedo. Me divirto trabalhando, estando com os meus amigos... Me divirto até com esse problema. Outro dia, estava conversando com meu infectologista sobre os novos tratamentos que estão sendo desenvolvidos, com expectativa de cura, e brinquei: "Ah, não sei se eu quero, não. Estou casado há 25 anos com o meu vírus, você quer agora separar a gente?".

A forma como leva tudo "numa boa" acabou fazendo com que Marcio se tornasse uma referência para os amigos de alguém que vive bem com a condição de soropositivo. Em função disso, de tempos em tempos, ele recebe uma ligação do tipo:

– Eu sei que você nem me conhece direito, mas eu estou te ligando porque o meu amigo fulano falou que você pode me ajudar.

É quando se vê na situação de usar a própria experiência para ajudar alguém que acabou de receber o diagnóstico de HIV-positivo. Nessas situações, costuma marcar uma conversa para acalmar a pessoa e orientá-la quanto aos cuidados que precisa tomar.

– As pessoas ainda chegam a mim bem assustadas. Não sabem nem o que perguntar. Mais ou menos elas sabem que existe remédio, mas o impacto da notícia ainda está no campo do emocional. Geralmente, falam pra mim: "Eu tô assustado, não sei o que fazer...". Ou, muitas vezes, dizem simplesmente: "Me fala que vai dar tudo certo". Aí eu respondo: "Vai dar tudo certo, se você quiser que dê certo". Se a pessoa coloca isso na cabeça, faz o que tem que ser feito: agradece que existe uma medicação eficiente pra controlar o vírus, toma os remedinhos todos os dias e segue a vida. Por outro lado, tem gente que entra numa fase de rejeição e paranoia tão longa – a pessoa se afasta de todo mundo, perde a fome, não dorme... Aí começa a ficar doente mesmo. Conheço um rapaz, ex-namorado de um amigo, que, aos 24 anos, descobriu que estava com HIV e, em quatro meses, morreu. Deitou na cama e ficou esperando. Eu até tentei conversar com ele, mas percebi claramente que ele não ouvia o que eu falava. Já tinha feito a escolha dele. Pra muita gente, remédio é uma coisa invasiva demais. "Pô, eu vou viver tomando remédio?", a pessoa pensa. Claro que ninguém gosta de ser dependente de medicamento nenhum, mas, pra mim, isso não é algo de outro mundo. Tomo os meus comprimidos diariamente, como a minha mãe toma o remédio dela pra hipertensão.

Por ter ficado escaldado com a experiência de ter sido demitido quando teve o diagnóstico em 1989, Marcio manteve a postura de não abrir sua situação de soropositivo nas dez empresas onde trabalhou. Mas já não se preocupa se fora de lá alguém fica sabendo que ele é portador do HIV.

– Quando um amigo indica alguém pra vir falar comigo, eu não tenho nenhuma garantia de que o sujeito vá guardar a informação pra ele. Mas a essa altura da vida, isso já não tem importância.

Já teve. Vinte e cinco anos atrás, Marcio sentiu receio de algumas pessoas em tocá-lo ou abraçá-lo. Nunca algum membro da família, ao que é grato.

– Meu pai e minha mãe são duas pessoas de ouro. Me respeitam, me admiram, até por essa luta. Nunca me recusaram – apesar de, na cabeça deles, terem me criado para ser um pai de família.

Marcio avalia que, com todos os desafios, o vírus da AIDS mudou sua perspectiva de vida:

– Talvez, se não fosse isso, eu tivesse uma vida de "porra louca", que era uma tendência minha, na juventude. Eu não queria trabalhar, demorei a entrar na faculdade... Depois que isso me aconteceu, eu precisei criar uma confiança enorme comigo mesmo pra conseguir vencer essa barreira. Hoje, uma das coisas que eu mais ouço a meu respeito é que eu sou uma pessoa muito ligada com a vida.

Parte 2

A História por trás das histórias

Capítulo 8

O início: a AIDS no mundo gay e além

> Enquanto os jovens da contracultura – blasfemos, sem sutiã, com o símbolo da paz pendurado em colares e brincos – recebiam a atenção dos meios de comunicação, milhares de pessoas silenciosas, casadas, de classe média também estavam em busca da livre expressão e de maior controle sobre seus próprios corpos. [...] Cerca de 6 milhões de mulheres, muitas delas católicas praticantes, estavam usando a pílula em 1967. [...] A satisfação sexual do corpo – prazer, não procriação – era agora geralmente aceita na classe média como o principal objetivo do coito.[2]

Assim o jornalista norte-americano Gay Talese descreveu a revolução nos costumes sexuais que ocorreu nas décadas de 1960 e 1970, nos Estados Unidos e, por extensão, em todo o mundo ocidental. No livro *A mulher do próximo*, publicado em 1981, o jornalista registrou as impressões colhidas durante duas décadas de observações, pesquisas e entrevistas, não apenas nos grandes centros urbanos, mas também em pequenas cidades do país, como a minúscula Ocean City, sua conservadora terra natal, no estado de Nova Jersey.

Foi no período escrutinado por Talese que se consolidou a liberdade sexual insinuada para muitas mulheres a partir da Segunda Guerra Mundial. Apartadas de seus maridos, noivos e namorados, durante o conflito, as damas dos pracinhas viram-se empurradas para as fábricas e os escritórios, onde ganharam pela primeira vez seu próprio dinheiro. Conquistada a independência financeira, puderam alugar seus apartamentos e fazer deles cenários para seus romances, inaugurando comportamentos bem distintos dos vivenciados por suas mães. "Enquanto escreviam cartas para os homens que amavam, faziam amor com homens que não amavam. [...] A guerra fabricou sua própria moralidade", escreveu Talese.[3]

O Relatório Kinsey* de 1953, que expunha dados sobre a sexualidade feminina, nos Estados Unidos, já dava conta de que "cerca de 50% de todas as mulheres e 60% das que tinham grau universitário haviam experimentado relações sexuais antes do casamento, e cerca de 25% de todas as esposas entregavam-se ao sexo extraconjugal".[4] Com a chegada da pílula anticoncepcional ao mercado, em 1961, a última barreira que ainda freava a liberação feminina que vinha sendo ensaiada nas últimas duas décadas cedeu.

Ao criar um modo simples de evitar filhos, a pílula converteu-se na "hóstia do amor".[5] A experimentação e a conquista de uma sexualidade plena estavam na ordem do dia. A sociedade norte-americana assistiu a um *boom* de publicações voltadas para o sexo – seu principal ícone, a revista *Playboy*, antes vendida às escondidas, passara a ser entregue por cima do balcão e alcançara a tiragem de 5 milhões de exemplares, nos anos 1960.** No cinema, os pelos púbicos faziam sua estreia em *Blow-up*, do consagrado diretor italiano Michelangelo Antonioni.6 Por todo o país, proliferaram-se casas de massagem e comunidades de estilo "alternativo", onde a liberação sexual era, via de regra, uma busca através do exercício prático. O biquíni e a minissaia se popularizavam entre as moças; entre os rapazes, mesmo os

* Referência ao pesquisador norte-americano Alfred Kinsey, pioneiro em realizar amplos estudos sobre sexualidade, na metade do século XX, ainda hoje considerados fundamentais para o entendimento do tema.

** Em sua edição mais vendida, em 1972, a *Playboy* atingiu a marca recorde de 7 milhões de exemplares.

mais sérios, os cabelos longos faziam sucesso; os jovens recebiam a influência da literatura *beat*, da música pélvica de Elvis Presley e do rock de maneira geral, com seu espírito contestador. Sinal dos tempos, a taxa de natalidade caía ao seu menor nível, desde a Grande Depressão.[7]

A dissociação entre sexo e procriação, consolidada pela pílula no mundo heterossexual, não teve impacto apenas na vida das mulheres. Os homossexuais, que elevavam essa dissociação ao seu limite máximo, também foram beneficiados, conforme analisou a psicanalista Regina Navarro Lins, em *O livro do amor.*[8] Alguns anos depois do surgimento da pílula, nasceu o movimento gay.

Os homossexuais, de maneira organizada, passaram a se mobilizar pelo direito de expressar sua afetividade e sexualidade sem serem hostilizados ou terem de se submeter a uma vida dupla. Inspiraram-se não só no movimento feminista, mas na luta pelos direitos civis dos negros e nos protestos contra a guerra, que os havia sensibilizado a não tolerar injustiças sociais. "A liberação gay foi o ponto culminante das outras lutas dessa era, que combinavam a exigência da dignidade humana [...] e a busca do prazer da revolução sexual",[9] conforme analisou o jornalista norte-americano Gabriel Rotello, no livro *Comportamento sexual e AIDS.*

Os militantes da causa homossexual concentraram-se, inicialmente, em encorajar seus pares a assumir sua orientação, assim defendendo a ideia de que ser gay não era motivo de constrangimento. Nesse processo, uma instituição emergiu de forma central na formação do senso de comunidade, da autoestima e da descoberta sexual para os homens gays: as saunas.

> Os clientes pagavam uma taxa pelo aluguel de um armário ou de um cubículo com uma cama, guardavam suas roupas, e então se enrolavam numa toalha e percorriam os corredores mal iluminados, aproveitando os banhos e as saunas, ou relaxando nas áreas de recreio, que em geral ofereciam

> sofás e TVs e vendiam pequenas guloseimas. Acontecia uma enorme socialização nas saunas e, para muitos homens, elas proporcionavam o único refúgio do mundo homofóbico de fora. Muitos clientes eram bem mais atraídos pelo sentimento de segurança e comunidade que aí experimentavam do que pelas oportunidades puramente sexuais, e essas instituições foram cruciais para o desenvolvimento do orgulho na identidade dos gays,[10]

descreveu Rotello. "Entretanto", continua,

> as saunas foram principalmente planejadas tendo em vista o sexo, e maximizavam a associação sexual e a mistura sexual de um modo que nenhuma outra instituição poderia igualar. As pessoas praticavam sexo em virtualmente todas as áreas das saunas, desde os cubículos particulares até os chuveiros, corredores e salas de recreação. No espírito comunitário do Verão do Amor, em 1967, em algumas saunas foram instaladas "salas de orgia" para facilitar o sexo grupal. Logo, salas de orgia, labirintos e outros espaços dedicados ao sexo comunitário tomaram conta da maioria das instituições, proporcionando locais para os tipos mais fáceis de encontros anônimos. Muitas salas de orgia praticamente não tinham iluminação, de modo que os homens podiam ter relações sem se conhecer e sem falar um com o outro e, literalmente, muitas vezes sem se ver.[11]

Foi nesse cenário, no auge da revolução sexual, que veio à tona a AIDS.

No dia 5 de junho de 1981, os Centros de Controle e Prevenção de Doenças dos Estados Unidos (CDC) informaram que cinco jovens gays da cidade de Los Angeles tinham sido acometidos por um tipo raro de pneumonia, causado por um fungo de nome *Pneumocystis jiroveci*,* normalmente inofensivo a pessoas saudáveis, como eles aparentavam ser. Ficaram todos gravemente doentes, de maneira repentina. Dois haviam já

* À época, chamado *Pneumocystis carinii*.

morrido, quando saiu a publicação. Nos dias seguintes ao alerta, o CDC foi notificado sobre casos semelhantes nas cidades de Nova York e São Francisco.

Eram também rapazes homossexuais. Alguns estavam acometidos pela mesma infecção pulmonar, outros desenvolveram um tipo incomum e agressivo de câncer de pele, o sarcoma de Kaposi. Ambos os quadros indicavam falhas graves no funcionamento do sistema imunológico. Até então, eram geralmente detectados apenas em pacientes submetidos a transplantes de órgãos, com as defesas do organismo extremamente debilitadas pelos remédios antirrejeição. Misteriosamente, os jovens de Los Angeles, São Francisco e Nova York não haviam passado por nenhum transplante.

Prontamente, no dia 8 de junho, o CDC designou uma força-tarefa para investigar o que era aquela intrigante enfermidade que acabara de vir à tona e qual era a sua causa.

Uma dúzia de especialistas de diversas áreas – imunologia, parasitologia, toxicologia, epidemiologia, sociologia, entre outras – pôs-se a trabalhar em conjunto. Parte dos pesquisadores foi pessoalmente a hospitais e consultórios, em Nova York e na Califórnia, para conversar com médicos e pacientes e colher suas primeiras impressões. Visitaram também saunas e outros redutos gays na tentativa de entender se algum fator ambiental poderia ser responsável pela epidemia que se desenhava.

Suspeitou-se, no princípio, que a misteriosa doença pudesse ter conexão com o consumo de *poppers*, um estimulante inalável barato, frequentemente usado nas saunas por aumentar a intensidade e o tempo da ereção nos homens. Mas os primeiros testes de laboratório logo descartaram a possibilidade de que a substância fosse a responsável por aniquilar as defesas do organismo e adoecer os jovens homossexuais tal como estava ocorrendo. Além do baixo potencial ofensivo, os *poppers* eram amplamente usados tanto por aqueles que estavam mal de saúde quanto por homossexuais sem qualquer sintoma da doença.

As conversas com os jovens que estavam doentes – ou com os amigos dos já falecidos – levaram, então, os especialistas do CDC a considerar que existia, entre os rapazes que haviam tido contato íntimo, uma conexão que poderia ser a chave para entender a nova moléstia. Num "trabalho de formiguinha", os pesquisadores passaram a pedir que homossexuais com sarcoma de Kaposi, pneumonia* ou outros sintomas de baixa imunidade listassem seus parceiros sexuais do último ano.

A essa altura, a imprensa já havia batizado a nova enfermidade de "câncer gay" ou "pneumonia gay", devido às características até então identificadas. No meio acadêmico, adotou-se a sigla DIRG, que designava a "doença imunológica relacionada aos gays". Nas rodas mais conservadoras, a alcunha assumia ares pejorativos – "peste gay". Independentemente do grau de objetividade e polidez empregado na denominação, todos supunham, àquela altura, tratar-se de uma doença restrita a um único gueto: o dos homens que praticavam sexo com outros homens.

Em outubro de 1981, os especialistas do CDC iniciaram um estudo formal, em que conseguiram entrevistar 75% dos norte-americanos acometidos pela doença até ali e que estavam ainda vivos. Munidos de um questionário com 62 tópicos, distribuídos em 22 páginas, perguntaram sobre os mais diversos aspectos da vida dos participantes: do contato com animais de estimação, plantas e produtos de limpeza aos hábitos sexuais. Para cada homem com diagnóstico de DIRG entrevistado, foram incluídos no estudo outros quatro indivíduos, na forma de grupos-controle: um heterossexual na mesma faixa de idade e do mesmo nível social; um gay bastante sexualmente ativo, selecionado em uma clínica de tratamento para doenças venéreas; outro homossexual aleatório, contatado em uma clínica

* Rigorosamente, pneumocistose, a pneumonia rara causada pelo fungo *Pneumocystis jiroveci*, típica dos primeiros pacientes com AIDS.

particular; e, por último, um gay amigo do indivíduo portador da DIRG com quem ele nunca tivesse tido relações sexuais.[12] De todas essas pessoas, com ou sem sintomas, foram colhidas amostras de sangue, urina e tecido da mucosa da boca e do reto.[13]

As análises realizadas no estudo controlado reafirmaram o que os pesquisadores do CDC já supunham, a partir das visitas e conversas informais que vinham tendo desde a eclosão da epidemia: a nova doença tinha, de fato, relação com o comportamento sexual. Os dados colhidos mostravam que a diferença mais significativa entre os jovens acometidos pela DIRG e os que não estavam doentes era o número de contatos sexuais – em média, os entrevistados acometidos pela doença haviam tido 1.100 parceiros ao longo da vida, o dobro dos participantes dos grupos-controle.[14] Frequentemente, uma ou até duas centenas desses contatos tinham acontecido no último ano.

Voltando, então, às listas com os nomes dos parceiros sexuais fornecidos pelos homens com sintomas da DIRG, os pesquisadores do CDC cruzaram os dados e conseguiram chegar ao sujeito que ficou conhecido como "paciente zero".* Gaëtan Dugas, um charmoso comissário de bordo franco-canadense, *habitué* de saunas, foi identificado como o elo entre diferentes grupos gays acometidos pela nova doença, em São Francisco, Los Angeles e Nova York, cidades que costumava frequentar por causa de seu trabalho. "Douguie", como era chamado pelos íntimos, estava ligado a pelo menos 40 dos quase 300 casos de AIDS identificados no primeiro ano da epidemia, nos Estados Unidos. Essas pessoas se infectaram em relações sexuais com o próprio comissário ou com alguém com quem ele havia feito sexo nesse período.[15]

* Gaëtan Dugas foi celebrizado porque sua alta mobilidade e seu comportamento sexual o ligaram direta ou indiretamente a muitos dos primeiros casos detectados na epidemia de AIDS. No entanto, não há comprovação de que ele tenha sido o primeiro a levar o vírus da AIDS para os Estados Unidos, apesar do que sugere a expressão "paciente zero".

Uma vez confirmado o vínculo da doença com a prática sexual, era preciso entender exatamente como e por que as pessoas adoeciam. Uma das primeiras teorias a esse respeito sugeria que a intensa atividade sexual dos gays acometidos poderia causar uma frequência maior de doenças sexualmente transmissíveis (DSTs), levando ao consumo elevado de antibióticos, o que, por sua vez, estaria comprometendo a imunidade desses jovens e abrindo espaço para as doenças oportunistas, como a pneumonia e o sarcoma de Kaposi. Mas essa hipótese foi logo descartada, e a suspeita que acabou se confirmando adiante era a mais temida pela comunidade médica e científica: um novo agente patogênico – provavelmente, um novo vírus – estaria se disseminando, via contato sexual, e atacando as defesas do organismo de maneira fatal.

Ao final de 1981, haviam sido contabilizados 270 casos da nova moléstia em mais de uma dezena de estados norte-americanos; 121 dessas pessoas haviam morrido.[16] Num período em que a medicina já dispunha de vacinas e antibióticos para debelar uma enorme variedade de infecções, além de remédios para controlar doenças crônicas, como a hipertensão e o diabetes, a AIDS reconduziu a humanidade a uma experiência pré-moderna do adoecimento, em que as enfermidades eram ainda "misteriosas, e a passagem de uma doença grave para a morte era algo normal", como analisou a escritora norte-americana Susan Sontag, em seu ensaio *AIDS e suas metáforas*.[17]

Um nó ainda maior se formou na cabeça dos pesquisadores no ano seguinte, 1982, quando foi identificado um foco da doença entre cidadãos haitianos que viviam na cidade de Miami, nos Estados Unidos, já com vítimas fatais. Curiosamente, nenhum deles se declarava homossexual – eram "apenas haitianos".

No dia 10 de dezembro, o CDC anunciou também o caso de uma criança que estava estranhamente apresentando os sintomas da "peste gay". O único fato que chamava a atenção a seu respeito era ter recebido transfusão de sangue. Na semana seguinte, a revista informativa do centro registrou 22 casos de meninos e meninas igualmente imunodeprimidos, com infecções oportunistas, sem explicação aparente.[18] As autoridades de saúde norte-americanas começavam a se dar conta de que não estavam diante de uma doença restrita aos homossexuais.

Pediatras informaram, em seguida ao comunicado do CDC, que muitas das crianças com sintomas da DIRG eram filhas de mulheres usuárias de drogas injetáveis que também apresentavam sintomas de falência imunológica. O alerta fez com que os especialistas da linha de frente do combate à epidemia voltassem sua atenção para alguns casos negligenciados no início do surto – usuários de drogas que haviam morrido rapidamente de "pneumonia gay" e dos quais não foi possível ter certeza sobre a orientação sexual. Presumiu-se à época que eram homossexuais. As evidências agora mostravam que eles podiam nunca ter se relacionado sexualmente com outros homens e, sim, contraído a doença pelo sangue, ao compartilhar seringas para injetar heroína ou outras substâncias. O quadro se tornava cada dia mais complexo.

Ocorreram, então, as primeiras mortes de hemofílicos, também vitimados pelas infecções típicas da DIRG. Era a peça que faltava para confirmar a suspeita de que a nova doença podia ser transmitida também através do sangue – afinal, os portadores da hemofilia recebiam regularmente derivados sanguíneos, como tratamento para corrigir sua deficiência de coagulação.

Dos centros de transfusão veio ainda um segundo *insight*: o material colhido em doações de sangue, àquele tempo, já passava por filtros capazes de eliminar bactérias e protozoários, mas não organismos menores. A hipótese de que a epidemia estaria sendo causada por um vírus ganhava força e indicava o norte para onde os pesquisadores deveriam direcionar sua busca. Ao mesmo tempo, fazia aumentar o frio na espinha – se se tratava mesmo de um vírus transmitido através do sangue e de fluidos sexuais, era só questão de tempo para a doença se espalhar por toda a população.

Depois que as principais formas de transmissão foram mapeadas – contato sexual, uso de drogas injetáveis e transfusão de sangue e derivados –, a doença ganhou um novo nome. Nas ruas, passaria a ser chamada "doença dos 5H", em referência aos homossexuais, hemofílicos, haitianos, heroinômanos (usuários de heroína injetável) e *hookers* (gíria, em inglês, que designa as profissionais do sexo), àquela altura também já identificadas como alvos da epidemia. No meio científico, a sigla usada para identificar a moléstia mudou, então, de DIRG para AIDS – deixou de ser uma doença relacionada aos gays e se tornou a síndrome da imunodeficiência adquirida, causada pelo vírus da imunodeficiência humana, o HIV.

A história das descobertas iniciais sobre a AIDS mostra como as ideias preconcebidas podem obscurecer o entendimento de novos acontecimentos, inclusive os novos males do corpo. "Uma doença, no momento de sua descoberta, é uma ideia frágil, uma flor de estufa – profundamente, desproporcionalmente influenciada por nomes e classificações" (tradução nossa),[19] conforme teorizou o médico e pesquisador Siddhartha Mukherjee, em seu livro *O imperador de todos os males: uma biografia do câncer*. Afirmar que aquela enfermidade surgida no início dos anos 1980 era uma deficiência imunológica *dos gays* retardou a descoberta de informações importantes sobre suas causas e formas de transmissão. E ainda hoje deixa resquícios da ideia de uma "doença de gueto", circunscrita a um "grupo de risco".

Originalmente, o conceito de "grupo de risco" se refere a um conjunto de pessoas que, por circunstâncias específicas, está mais sujeito a desenvolver determinada doença. No caso das moléstias infecciosas, é o grupo dos indivíduos que contraem e transmitem certa enfermidade em ritmo mais acelerado que o restante da população. Seguindo essa lógica, as doenças sexualmente transmissíveis tendem a se disseminar de maneira concentrada – até 80% dos casos de determinadas DSTs podem ficar circunscritos a 20% dos indivíduos de determinada comunidade, enquanto os 20% restantes de casos daquela doença se diluem nos outros 80% da população.[20] Assim, adquirir a moléstia no contato com alguém do grupo de risco seria matematicamente mais provável que contraí-la fora dele, certo? Certo.

O problema da ideia de grupo de risco, especialmente no caso da AIDS, foi se colocar como um conceito cristalizado, que acabou sendo distorcido. Nos primeiros anos da epidemia, os heterossexuais se sentiam imunes à doença, mesmo que mantivessem relações com muitos parceiros, porque, àquela altura, todos repetiam o mantra de que a AIDS era "coisa de homossexuais". Ou seja, como estavam fora do dito "grupo de risco" – um grupo fechado, supunha-se, de onde ninguém entrava, ninguém saía –, todos os que não eram gays se consideravam a salvo. "Esta lógica chegava, e ainda chega, à extrema falta de lógica de que alguns homens que mantêm relações homossexuais frequentes presumem não correr riscos, porque não se consideram gays em um sentido social, enquanto alguns jovens gays que ainda não praticam sexo acreditam que podem ser infectados simplesmente porque sua orientação psicológica é homossexual",[21] exemplificou Rotello.

Obviamente, o que fez com que a AIDS se disseminasse entre os gays, no princípio, não foi o simples fato de eles serem gays, e sim o fato de muitos homossexuais terem como parte do seu estilo de vida a combinação de dois fatores essenciais: em primeiro lugar, o elevado número de parceiros com que se relacionavam, inclusive como forma de afirmação da identidade gay. No período pré-AIDS, em Nova York, os heterossexuais em geral e os homossexuais que não frequentavam saunas declaravam ter, em média, cinco parceiros por ano, enquanto os gays mais sexualmente ativos, aqueles que costumavam frequentar as casas de banho habitualmente, tinham, em média, 36 parceiros anuais. Os homossexuais que puxavam essa média para cima, ou seja, os que estavam no topo do *ranking* dos mais sexualmente ativos, chegavam a ter 500 parceiros no mesmo período.[22]

A psiquiatra Carmita Abdo, coordenadora do Programa de Estudos em Sexualidade (ProSex) da USP, analisa o quadro da seguinte maneira:

> Em toda a história da humanidade, os homens, independente de sua orientação sexual, sempre tiveram maior disposição para o sexo que as mulheres, no geral – em parte por questões culturais, em parte por questões hormonais. As mulheres têm, ao longo da vida, uma série de períodos de menor interesse erótico, devido à tensão pré-menstrual, ao ciclo da gravidez e à menopausa. Não bastassem essas questões fisiológicas, culturalmente elas nunca foram incentivadas a gostar de sexo, como os homens sempre foram (hoje, já não são tão reprimidas, mas ainda não são incentivadas). Portanto, um casal composto por dois homens, ou seja, por duas pessoas que não têm tantos fatores de controle da atividade sexual como têm as mulheres, tende a praticar mais sexo que um casal heterossexual. Quem regula a frequência das relações sexuais de um casal hétero, no geral, é a mulher. (Entrevista concedida para este livro)

O segundo fator que favoreceu a disseminação da AIDS entre os gays, no início da epidemia, foi a prática do sexo anal, que, segundo se soube mais tarde, é quase 20 vezes mais propícia à transmissão do HIV que o sexo vaginal.[23] As chances de contágio aumentam, nesse caso, porque a penetração anal é mais traumática – trata-se de uma área menos lubrificada e de menor elasticidade, em relação à vagina, o que contribui para a ocorrência de microssangramentos e facilita a infecção viral. Além disso, nas pessoas infectadas pelo HIV, há grande concentração do vírus da AIDS na parede do intestino (inclusive no reto), pois é lá que se encontram 80% das células de defesa do organismo – justamente elas, que abrigam e garantem a sobrevivência do HIV. Obviamente, o sexo anal não se restringe ao mundo gay – diversos estudos apontam que, em média, um terço dos homens e mulheres heterossexuais o praticam, ao menos de maneira ocasional, e 10% o fazem regulamente.[24] Mas, de fato, essa é uma modalidade muito mais comum entre os homossexuais – cerca de dois terços dos gays têm a penetração anal como parte de seu repertório sexual.[25]

Num cenário composto por esses elementos, cada gay infectado contaminava, em média, cinco outros homossexuais, no início da epidemia, segundo um cálculo estimado.[26] Análises retroativas feitas em amostras de sangue colhidas para um estudo sobre hepatite B, a partir de 1978, em comunidades gays de São Francisco e Nova York, revelaram que, em 1980, um quarto da legião gay de São Francisco já estava infectada pelo HIV. No pico da epidemia, em 1985, 73% das amostras colhidas na cidade resultaram HIV-positivas.[27] A realidade em Nova York era semelhante.

O fato de a doença ter sido descoberta no universo gay fez recair um enorme estigma sobre os homossexuais. Muitos foram hostilizados nas ruas, proibidos de frequentar determinados lugares, presos, agredidos e mesmo mortos simplesmente em função de sua orientação sexual e afetiva. A discussão sobre os fatores que facilitaram a disseminação da doença acabou sendo muitas vezes deturpada pela ideia de que a AIDS veio à tona como forma de punir os "excessos mundanos" de uma "humanidade poluída".

Mas, à medida que foram aparecendo casos da doença fora da comunidade homossexual, o conceito cristalizado de "grupo de risco" foi se dissolvendo e dando lugar ao conceito dinâmico de "comportamento de risco", segundo o qual qualquer pessoa que se exponha a fluidos sexuais e sangue de outro indivíduo, sem proteção, está potencialmente sob o perigo de contrair o HIV.

CAPÍTULO 9

A nova cara da doença

A fisionomia da AIDS mudou, em três décadas de história. E muito. A imagem da doença não é mais a do cantor Cazuza, que, ao fim da vida, mostrou à nação seu corpo e seu rosto esquálidos, consumidos pela doença até a morte, em pouco mais de um ano. Está mais para a figura do astro do basquete norte-americano Magic Johnson, um homem robusto e saudável, que convive com o HIV há duas décadas.

Em outras palavras, o universo de pessoas afetadas pelo vírus da AIDS já não se restringe ao perfil típico do começo da epidemia – homens jovens, gays, de grandes centros urbanos, com alto nível de instrução e bom poder aquisitivo. De 1980 para cá, a AIDS revelou-se também entre homens heterossexuais, mulheres, bebês, pessoas idosas, populações mais pobres e de pequenas cidades do interior.

No Brasil, o contágio via transfusão sanguínea foi praticamente eliminado. E a contaminação pelo compartilhamento de seringas entre os usuários de drogas injetáveis, que teve seu pico nos anos 1980 e 1990, hoje corresponde a apenas 5% das infecções masculinas e 2,5% dos contágios entre as mulheres.[28]

O vírus da AIDS, atualmente, transmite-se essencialmente através do sexo. E não escolhe gênero, idade, raça, condição social ou econômica, nem orientação sexual. Está presente em toda a sociedade, em maior ou menor proporção.

Ou seja: a nova cara da AIDS é não ter cara. Todos os portadores do HIV, se tratados de forma contínua e disciplinada – com medicamentos fornecidos gratuitamente pelo governo brasileiro –, podem viver normalmente, por tempo indeterminado, sem apresentar sintomas de AIDS – e sem passar a doença adiante. Mas há ainda um universo grande de pessoas portadoras do vírus que desconhece sua condição – quase 150 mil pessoas, no Brasil, segundo estimativa do Ministério da Saúde. Estas também passam anos sem apresentar sintomas da doença, mas, por não se submeterem ao tratamento, são potenciais transmissoras do HIV. Portanto, se você já fez sexo sem camisinha alguma vez nos últimos anos, sem conhecer o estado sorológico de seu parceiro ou parceira, é recomendável que faça o teste de HIV – um exame de sangue simples que pode ser pedido por seu médico de confiança ou realizado diretamente, sem custos, em postos do governo, chamados Centros de Testagem e Aconselhamento (CTAs).*

A seguir, vamos abordar os pormenores das mudanças ocorridas na epidemia brasileira de AIDS.

• Os heterossexuais

Desde 1993, a prática sexual entre homens e mulheres passou a ser a principal forma de transmissão do HIV na população brasileira, superando as relações homossexuais e bissexuais.[29] Segundo as estatísticas mais recentes do Ministério da Saúde, 97% das mulheres infectadas hoje contraem o vírus em relações sexuais com homens; no universo masculino, 53% se infectam praticando sexo com mulheres (34% deles se contaminam em relações homossexuais, e 9% em práticas bissexuais).[30] Mundialmente, as relações heterossexuais já são responsáveis por 80% das novas infecções por HIV.[31]

* Os endereços dos CTAs em todos os estados brasileiros podem ser consultados no *site* do Ministério da Saúde: <http://www.aids.gov.br/endereco_localizacao?city=&province=&tid=57>.

• **As mulheres**

A disseminação da AIDS no universo heterossexual levou à óbvia consequência do aumento do contágio entre as mulheres. Se, no início da epidemia, em 1985, havia 24 homens com a doença para cada mulher infectada, no Brasil, atualmente, essa proporção atingiu o nível de quase dois homens para cada mulher.[32] No cenário mundial, a situação já se igualou: metade das pessoas infectadas pelo vírus da AIDS, no mundo, é do sexo feminino. E, na África Subsaariana, onde a situação é a mais grave, a proporção se inverteu: lá, elas já representam 60% dos indivíduos que vivem com HIV.[33]

As mulheres são mais vulneráveis, biologicamente, a contrair o vírus da AIDS. A mucosa da vagina tem uma maior área de exposição ao vírus que o órgão masculino. Além disso, a camada que reveste internamente a genitália feminina é mais frágil que o epitélio do pênis. Por ser mais delicada, está especialmente sujeita a sofrer pequenos ferimentos, em função do atrito natural do ato sexual – e isso facilita a infecção pelo HIV.

Estudos demonstram que mulheres que têm o hábito de usar anticoncepcionais hormonais por tempo prolongado podem acabar ficando com o revestimento vaginal ainda mais frágil, expondo-se, assim, a um risco maior de contrair o vírus da AIDS.[34]

O resultado de todos esses fatores reunidos é que o risco de infecção pelo vírus da AIDS, durante o sexo vaginal desprotegido, é duas a quatro vezes maior para as mulheres do que para os homens.[35]

Se o homem for circuncidado, então, suas chances de contrair o vírus da AIDS são ainda menores. A retirada do prepúcio diminui o atrito na região, durante o ato sexual, protegendo a área de sofrer pequenos ferimentos que dariam entrada para o HIV. A circuncisão reduz em cerca de 50% a 60% o risco de o homem contrair o vírus da AIDS numa relação pênis-vagina.

Quando o assunto é AIDS, a mulher é mesmo o sexo frágil.

Somam-se aos fatores biológicos ainda os elementos de natureza social e do comportamento. Muitas mulheres têm dificuldades em negociar o uso do preservativo com seus parceiros por terem muitos tabus no trato com a sexualidade. Ou então porque assumem uma posição de inferioridade na relação, quando dependem dos homens econômica ou afetivamente. Além disso, boa parte das mulheres ainda se percebe pouco sujeita à contaminação pelo HIV, por estar presa à ideia difundida no início da epidemia de que AIDS é "coisa de gays".

Sem falar na influência das expectativas românticas, que, quando entram por uma porta, fazem o autocuidado sair pela outra. "Até hoje, as mulheres decidem pela cara dos seus parceiros se eles podem lhes transmitir AIDS ou não. Essa percepção muito intuitiva levou a esse resultado: o aumento do contágio no universo feminino", avalia a estudiosa da sexualidade Carmita Abdo, professora e pesquisadora da USP, em entrevista concedida para este livro.

A mais recente Pesquisa de Conhecimentos, Atitudes e Práticas (PCAP)*, realizada pelo Ministério da Saúde para avaliar o comportamento sexual do brasileiro, revelou que apenas 35% das mulheres usaram camisinha em todas as relações sexuais que tiveram com parceiros casuais no ano da pesquisa (2008), enquanto 51% dos homens se protegeram, na mesma situação. Com os parceiros fixos, somente 17% das mulheres usaram preservativo de maneira constante, ao passo que 21,5% dos homens o fizeram.[36]

Justamente por não se sentirem vulneráveis, muitas mulheres acabam descobrindo que estão infectadas mais tardiamente. De acordo com o dossiê *Mulheres com HIV/AIDS*, elaborado pelo Instituto Patrícia Galvão, organização dedicada à defesa dos direitos femininos, com apoio das Nações Unidas, boa parte das

* A mais recente PCAP divulgada na íntegra até o fechamento deste livro.

mulheres brasileiras descobre que tem HIV durante o pré-natal ou quando do aparecimento de doença oportunista, sua ou do companheiro, situações em que já se encontra fragilizada. "Esta fragilidade é ainda muitas vezes agravada pela suspeita da infidelidade do parceiro e pela dor e insegurança daí decorrentes, por sentimentos de culpa pela infecção e, no caso das grávidas, pela preocupação com a saúde do bebê".[37]

Curiosamente, quando a mulher portadora do vírus da AIDS se relaciona com parceiros que não têm o HIV, boa parte delas tem dificuldade em convencer seus namorados e maridos a usarem preservativo. Em geral, esses homens reclamam que a camisinha interfere no prazer sexual ou preferem não usá-la como forma de demonstrar amor à parceira.[38] Um comportamento de risco, obviamente. Embora os homens sejam menos vulneráveis que as mulheres, do ponto de vista anatômico, não são, de modo algum, imunes ao vírus da AIDS. A ideia de que "homens não pegam HIV de mulheres" não passa de lenda. E, claro, a comparação de vulnerabilidade feita aqui se refere a homens heterossexuais e mulheres na prática do sexo vaginal. No caso do sexo anal desprotegido – hétero ou homossexual –, os riscos aumentam para todos.

• Os bebês

A inclusão das mulheres na epidemia de AIDS carregou consigo um segundo grupo: o das crianças que já nascem infectadas pelo HIV, pois adquirem o vírus de suas mães durante a gestação, o parto ou a amamentação. É a chamada transmissão vertical. Se nenhuma medida preventiva for tomada, as chances de o bebê ser contaminado pela mãe soropositiva são de até 40%.[39]

Durante a gestação, a placenta costuma proteger o bebê com eficiência. O maior risco de contágio se dá no trabalho de parto – é aí que 65% a 70% das infecções ocorrem, devido ao contato da criança com o sangue e as secreções genitais da mãe, na passagem pelo canal vaginal. Por isso, o mais indicado para as mulheres soropositivas é o parto cesariano. E o ideal é que a cesárea ocorra antes que a bolsa de líquido amniótico se rompa e o bebê comece a ter contato com os fluidos da mãe. A amamentação também deve ser evitada, pois o recém-nascido pode adquirir o vírus através do leite materno ou dos sangramentos que costumam ocorrer no seio da mulher durante o aleitamento.

Se todas as precauções forem tomadas – ou seja, a mulher recebe os remédios anti-HIV durante a gravidez, o parto é cesariano, a criança não recebe o leite materno e toma a medicação contra o vírus no primeiro mês de vida –, as chances de contágio ficam reduzidas a praticamente zero. Os medicamentos usados na prevenção à transmissão vertical são seguros para a mãe e o bebê.

A divisão das Nações Unidas para os assuntos da AIDS, a UNAIDS, considera que a transmissão materno-infantil é uma das formas de contaminação pelo HIV mais simples e baratas de se evitar. Por isso, propõe como meta global que, em 2015, todos os países acabem com a transmissão vertical.[40]

No Brasil, a transmissão de mãe para filho já atingiu 15.500 crianças, desde o início da epidemia de AIDS. Atualmente, de cada 100 mil meninas e meninos brasileiros com menos de 5 anos de idade, três adquirem o HIV através da transmissão vertical.[41] Soa como um número pequeno. Mas, na visão de muitos especialistas, os avanços nacionais nessa área poderiam ser melhores. Países da África Subsaariana, com epidemias de HIV infinitamente mais graves, têm combatido a transmissão de mãe para filho num ritmo bem mais acelerado – em Gana, por exemplo, os novos casos de crianças infectadas por suas mães diminuíram 76% em apenas três anos, entre 2009 e 2012.[42] No Brasil, a redução foi de 50% na última década.[43] Na avaliação do diretor do Departamento de DST, Aids e Hepatites Virais do Ministério da Saúde, Fábio Mesquita, os indicadores do Brasil nessa área são muito bons, quando comparados aos dados de países como China, Indonésia, Índia ou Estados Unidos, que têm um padrão de epidemia similar ao do Brasil.[44]

• Os idosos

A população com mais de 60 anos é, surpreendentemente, uma das faixas etárias em que a ocorrência de casos de AIDS mais cresceu, na última década. A taxa de detecção da doença nessa fase da vida aumentou 32%, entre 2004 e 2013.[45] Só perde para a elevação na taxa de detecção de AIDS entre os jovens de 15 a 19 anos, no mesmo período.

A combinação entre o aumento da longevidade, o advento de medicações que permitem aos homens manter-se sexualmente ativos por mais tempo e as dificuldades de lubrificação vaginal em mulheres com mais idade, que deixam a genitália feminina mais suscetível a ferimentos e infecções, favorecem o aumento dos novos casos de AIDS entre idosos. A falta de hábito do uso do preservativo entre as pessoas dessa geração e a ideia de que estão protegidas em relações estáveis também contribuem.

• Os jovens

A população com idade entre 15 e 24 anos – incluindo rapazes e moças, gays, hétero e bissexuais – é a que mais tem relações de sexo casual, comparada às demais faixas etárias. É também o grupo que mais usa preservativo. Mas, a julgar pelos números da epidemia brasileira, o nível de proteção não tem sido suficiente para compensar o tamanho da exposição. Entre todas as faixas de idade, a população de 15 a 19 anos foi a que teve a maior alta na taxa de detecção da doença, nos últimos dez anos – um crescimento de 53%.[46] No grupo dos jovens de 20 a 24 anos, a elevação foi de 21%, no mesmo período.[47]

O aumento na detecção da doença vem ocorrendo entre os jovens de todas as orientações sexuais, mas é ainda mais expressivo entre os rapazes gays dessa faixa de idade. Por terem sido os primeiros atingidos pela epidemia, os homossexuais foram também os primeiros a tomar medidas de precaução. Nos anos 1990, tornaram-se o modelo de cuidado em relação ao HIV. Atualmente, no entanto, os gays – sobretudo os com menos idade – estão deixando de ter o zelo que a geração anterior teve. Não se percebem em alto risco, porque não viveram a época em que a AIDS matava aos montes. Entre os meninos homossexuais de 13 a 19 anos e também entre os rapazes gays de 20 a 29 anos, o percentual de casos da doença dobrou, na última década.[48]

Apesar de os jovens homo e bissexuais usarem camisinha com o dobro da frequência dos jovens heterossexuais, ainda não o fazem num nível capaz de compensar o fato de serem muito mais vulneráveis à infecção por HIV, do ponto de vista de seus hábitos sexuais – eles praticam com muito mais frequência um tipo de sexo (o anal) que aumenta em quase 20 vezes[49] as chances de contaminação pelo vírus da AIDS. E relacionam-se dentro de um grupo em que a presença do vírus HIV ainda é proporcionalmente maior: 10% dos homossexuais têm o vírus da AIDS no Brasil, estima-se, ao passo que, na população em geral, a prevalência do vírus é de 0,4%.[50]

Embora os adolescentes e os idosos sejam os grupos em que a ocorrência de AIDS mais cresce, é na população que tem entre 25 e 39 anos de idade que a doença ainda predomina atualmente – metade dos casos de AIDS notificados no país encontram-se nessa faixa de idade.[51]

• Cidades do interior

A AIDS chegou ao Brasil atingindo primeiramente os grandes centros urbanos, como São Paulo, Rio de Janeiro, Porto Alegre e Belo Horizonte. Historicamente, as epidemias se iniciam mesmo nas cidades de maior porte, onde se reúnem as grandes aglomerações humanas e há pessoas chegando, saindo e voltando a todo momento, facilitando o fluxo de disseminação das doenças. Ainda hoje, a maioria dos casos de AIDS se encontra nas capitais e grandes cidades brasileiras. Os municípios com mais de 500 mil habitantes, que representam menos de 1% das cidades do país e abrigam 30% da população, concentram aproximadamente metade dos casos de AIDS no Brasil, atualmente.[52]

Na última década, no entanto, a ocorrência do problema vem caindo nos grandes centros e crescendo nos pequenos municípios. Na análise mais recente feita pelo Ministério da Saúde a esse respeito, comparando os dados de 1998 e 2008, a taxa de detecção da AIDS dobrou nos municípios com população de até 50 mil pessoas, passando de quatro casos a cada 100 mil habitantes para oito por 100 mil habitantes. Enquanto isso, nas cidades com população superior a 500 mil pessoas, a taxa caiu 17% – de 34 para 28 casos a cada 100 mil habitantes.[53]

• Populações pobres

A mudança na distribuição dos casos de HIV/AIDS entre os grandes e pequenos centros urbanos também tem seu equivalente socioeconômico. Enquanto o número de novos casos cai nas regiões mais ricas, aumenta nas regiões mais pobres. Nos últimos dez anos, a taxa de detecção da doença diminuiu 28% na região Sudeste e permaneceu praticamente estável no Sul. Já na região Norte, aumentou 74%; no Nordeste, 45%, e no Centro-Oeste, 9%.[54] Quanto menor a escolaridade, mais frequente o problema – 40% dos casos de AIDS registrados no Brasil, em 2013, foram de pessoas que estudaram apenas até o ensino fundamental (completo ou não); 24% cursaram o ensino médio, e 11%, o ensino superior (também parcial ou totalmente).[55]

CAPÍTULO 10

Um raio X do inimigo: por que o HIV é um supervírus?

Vírus são criaturas extremamente rudimentares. Não chegam nem a constituir uma célula, pois não possuem o maquinário exigido para tal. São compostos basicamente de uma cápsula de proteína,* que contém em seu interior algum material genético – DNA ou RNA. Incapazes de apresentar qualquer atividade vital de maneira independente, precisam sempre habitar um ser qualquer – seja ele uma pessoa, um animal, seja uma simples bactéria – para terem condições de se reproduzir. E é a isso que se resume o sentido de estar vivo para um vírus: multiplicar-se (ou melhor: replicar-se, como se diz no jargão científico). Fato que inclusive leva os cientistas a debaterem entre si se os vírus devem ser considerados seres vivos de verdade ou meros fragmentos de matéria viva, praticamente rebaixados a substâncias químicas.

Mas o fato de serem tão simples a ponto de suscitar discussões existenciais entre os cientistas não quer dizer que os vírus sejam mais fáceis de combater que outros agentes infecciosos. O HIV é a prova maior disso. Com um diâmetro de apenas 120 milionésimos de milímetro[56] – o que significa ser 60 vezes menor que uma célula sanguínea vermelha – e míseros nove genes (as bactérias possuem 500 genes, e uma célula humana

* Na maioria das vezes, de proteínas, mas, em alguns casos, também de glicose ou gordura.

20 mil),[57] o vírus da AIDS vem conseguindo produzir um belo estrago: já infectou aproximadamente 75 milhões de pessoas no mundo todo. E, tendo matado 39 milhões delas,[58] ganhou o título de agente infeccioso mais letal do planeta, na atualidade.

Mas o que torna o HIV um agente tão poderoso? Parte da explicação está no fato de ele pertencer à família dos retrovírus. Assim são chamados os vírus que gostam de fazer as coisas de trás para frente – entenda por "coisas" o processo de cópia do material genético que ocorre quando os organismos estão se reproduzindo. Em vez de formarem uma molécula de RNA a partir de seu DNA, como fazem a maioria dos seres, os retrovírus seguem o caminho contrário: formam uma molécula de DNA a partir de seu RNA.

Mas o que essa confusão de siglas tem a ver com superpoderes?

O seguinte: esse processo inverso de transcrição do material genético é um tanto impreciso – funciona como uma cópia à mão, muito sujeita a erros, enquanto o processo-padrão, na ordem direta, funciona como uma cópia xerox, altamente fidedigna. Só que essa imprecisão, em vez de funcionar como uma deficiência, acaba se convertendo num trunfo para o vírus da AIDS, porque o torna extremamente mutante e imprevisível. E pior: quanto mais ele se multiplica, mais mutações sofre. O que, no caso do HIV, quer dizer muita coisa – num só dia, ele é capaz de produzir 10 bilhões de cópias de si mesmo.[59] Ou seja, a combinação entre alta taxa de erro e elevada velocidade na replicação faz do HIV um dos organismos de evolução mais rápida da natureza.[60] Tentar acertá-lo é como mirar um alvo em movimento. Em alucinado movimento.

As constantes mudanças que o vírus sofre ao se replicar podem dificultar o seu controle por diversos motivos. Um deles é que as mutações podem levar o HIV a desenvolver afinidade pelas mais variadas partes do corpo, tornando o tratamento mais complexo, pois vai exigir remédios capazes de atingir o vírus nas diversas regiões do organismo.

Nem todos os remédios anti-HIV são capazes de atuar no cérebro, por exemplo. E, se o vírus da AIDS desenvolve afinidade pelo sistema nervoso de um sujeito, é fundamental ministrar-lhe ao menos um medicamento anti-HIV com ação cerebral específica. Do contrário, o vírus pode causar diversos problemas neurológicos, que vão desde tontura, sonolência, tremores e formigamentos a dificuldades de fala, raciocínio, memória e movimento.

O elevado potencial de mutação do HIV também é perigoso porque aumenta as chances de torná-lo resistente aos remédios disponíveis, restringindo as opções de tratamento. Por isso, o ideal é diagnosticar e começar a tratar os indivíduos portadores do vírus o mais breve possível – assim, os remédios bloqueiam logo a produção de cópias virais, impedindo que o HIV sofra muitas mutações e a história toda se complique.

Mas à parte a enorme capacidade de mutação do HIV, a maior "carta na manga" desse vírus é a habilidade de incorporar seu material genético ao das células que invade, escravizando-as. É isso que faz dele um dos mais sofisticados e poderosos agentes infecciosos do planeta. Quando o vírus da AIDS infecta uma célula, assume seu comando e utiliza seu maquinário para produzir novas cópias virais. Depois de usadas e abusadas pelo vírus, as células hospedeiras morrem. O processo é particularmente diabólico, porque as células "raptadas" pelo HIV são os linfócitos CD4, justamente os responsáveis por comandar toda a defesa imunológica do organismo. Ou seja, o vírus da AIDS "sequestra" e mata precisamente as células que deveriam cuidar de sua eliminação.

A lógica é a de um cavalo de Troia. Quando o HIV invade o organismo, as células de defesa são estimuladas a se multiplicar para reagir ao invasor. Porém, ao se multiplicar, os linfócitos CD4 possibilitam a replicação do vírus que têm dentro de si. Assim, terminam por matar a si mesmas e deixam o corpo com as defesas enfraquecidas. Está aí o pulo do gato do HIV: justo quando o sistema imune encontra-se em seu modo mais ativo é que o vírus atinge seu potencial máximo de replicação. Não há alternativa. Se correr, o bicho pega; se ficar, o bicho come.

A partir do momento em que uma pessoa se infecta pelo HIV, o vírus leva apenas três dias para se espalhar pelo corpo todo, conduzido através da corrente sanguínea. Diz-se, então, que a infecção está estabelecida de forma generalizada. Curiosamente, apesar de ter potencial para estar presente em todo o organismo, o vírus só é transmitido por meio do sangue, dos fluidos sexuais e do leite materno. Quando atinge a saliva, as lágrimas, o suor ou a urina, por exemplo, apresenta-se em concentrações baixíssimas ou é inativado por substâncias específicas presentes nesses líquidos, perdendo sua capacidade de infecção. Por isso, o vírus da AIDS não é transmitido através do beijo, do abraço ou de qualquer outra forma de contato que não seja sexual, sanguíneo ou de aleitamento. Também não é transmitido por mosquitos, pois os insetos destroem o HIV em seu trato digestivo, de modo que o vírus não consegue atingir a saliva do animal para ser inoculado nas pessoas durante a picada.[61]

A concentração do vírus da AIDS no sangue é geralmente superior à quantidade presente nas secreções genitais. Estudos indicam que a carga viral no sêmen pode ser de 7% até 64%[62] menor que na corrente sanguínea. Por isso, contrair o HIV durante o sexo oral, por exemplo, é bem mais difícil que adquirir o vírus numa relação com penetração, que, por envolver maior atrito, pode provocar microssangramentos e favorecer o contágio. Ou seja, além do contato com as secreções genitais – e mais do que ele –, o atrito da relação sexual é que pode levar à infecção. Por isso, não passa de crendice popular a ideia de que, ao ejacular fora da vagina, por exemplo, o homem estaria protegendo a mulher de contrair o vírus da AIDS.

Ainda nessa linha de raciocínio, o sexo anal, por sua natureza mais traumática, também é mais propício à transmissão do vírus que o sexo vaginal – a não ser que a mulher ou o homem tenham lesões na vagina ou no pênis, como as causadas por herpes e outras DSTs, que expõem as mucosas ao contato sanguíneo e tornam as chances de transmissão do sexo vaginal parecidas com as do sexo anal. Por isso, para se proteger de verdade, o que homens e mulheres devem fazer, além de usar preservativo, é cuidar da saúde genital.

Mas, se a prevenção falha e a infecção por HIV se instala, o vírus rapidamente passa a destruir as células que comandam o sistema de defesa do organismo. Nos primeiros seis meses de infecção, o HIV é capaz de reduzir o número de linfócitos CD4 entre 40% e 60%,[63] se não for iniciado o tratamento. A partir daí, a quantidade de células de defesa continua caindo, mas em ritmo lento. Uma pessoa saudável tem, no geral, entre 1.300 e 500 células CD4 por microlitro de sangue. Abaixo desse nível mínimo, a proteção do organismo começa a ficar deficitária e a abrir a guarda para doenças oportunistas. Os sintomas da AIDS começam a aparecer, e a saúde vai se deteriorando até a morte. Para deter esse processo, somente lançando mão dos medicamentos anti-HIV, que, ao bloquear a replicação do vírus, interrompem a destruição dos linfócitos CD4 e permitem ao organismo recompor suas defesas.

Apesar de ser um supervírus – ou justamente por isso –, o HIV não tem ação letal rápida. Afinal, o que todo bom agente causador de doenças quer é se disseminar o máximo possível, e, para isso, o ideal é que não mate seus hospedeiros antes que eles tenham oportunidade de passá-lo adiante um grande número de vezes. O tempo que decorre entre a infecção por HIV e o surgimento dos sintomas da AIDS é longo. Em média, as pessoas só desenvolvem a doença propriamente dita dez anos após contrair o vírus. Apenas 13% dos indivíduos infectados adoecem em menos de cinco anos.[64] Isso se não houver nenhuma intervenção médica no meio do caminho, claro. Com os remédios, especialmente se tomados de maneira precoce e sem falhas, é possível postergar indefinidamente o aparecimento da doença. Nesse caso, a pessoa não desenvolve a AIDS e leva vida normal.

Durante todos esses anos em que a ação do HIV no corpo transcorre de maneira silenciosa, sem provocar sintomas que denunciem sua presença – mesmo na ausência de tratamento –, o que se passa é que o organismo conseguiu montar uma resposta imunológica chamada TH1 – as células de defesa foram capazes de se organizar para conter o vírus, diminuindo a velocidade de sua replicação, sem fazer muito estardalhaço. Trata-se de uma reação com precisão cirúrgica, que atinge seu alvo de maneira pontual, sem afetar o entorno. Mas, a certa altura, o vírus passa a exigir tanto do sistema imunológico que ele começa a perder o controle da situação, respondendo de forma exagerada e descoordenada: mobiliza soldados de todas as armas e batalhões de seu exército para combater o inimigo, produzindo uma guerra suja, cheia de balas perdidas, que acabam danificando o próprio corpo.

Essa segunda tática é chamada de resposta imune TH2, ou resposta pró-inflamatória. Como o próprio nome sugere, são deflagrados processos inflamatórios em todo o organismo, o que significa que o sistema de defesa entra em estado de atividade máxima – consequentemente, o cavalo de Troia do HIV é acionado, incentivando a replicação mais rápida do vírus. É aí que se inicia o quadro de AIDS propriamente dito, com todos os problemas de saúde que acarreta.

A opção pela resposta inflamatória TH1 ou TH2 é feita não apenas no combate ao HIV, mas em qualquer situação de infecção. A escolha depende da característica do agressor – o vírus ou a bactéria, por exemplo – e também da genética do indivíduo. Há sujeitos que tendem a ser naturalmente mais "inflamados" que outros, independentemente do agressor em questão. Ou seja, tendem a responder de forma grandiosa a ataques externos – o que não é necessariamente bom. Um exemplo: quando o bacilo de Hansen, causador da lepra, infecta uma pessoa de perfil TH1, causa uma doença mais branda, com lesões localizadas (o quadro chamado lepra tuberculoide);

já quando o mesmo bacilo infecta alguém com tendências à imunidade TH2, desenvolve-se um quadro muito mais grave, com lesões espalhadas por todo o corpo, inclusive no rosto (a lepra lepromatosa).

Os indivíduos que desenvolvem doenças autoimunes também costumam ter a genética favorável à resposta TH2. E quando uma pessoa entra em septicemia, estado de infecção generalizada, grave e muitas vezes fatal, uma resposta pró-inflamatória também é desencadeada em todo o organismo. Nesse caso, o sujeito pode acabar morrendo pela ação de seu próprio exército de defesa, e não por causa do agente infeccioso. Um típico caso de fogo amigo.

As respostas TH1 e TH2, por vezes, não são excludentes, mas complementares. Quando o corpo não consegue conter uma doença com uma resposta local TH1, ativada inicialmente, pode desencadear uma resposta pró-inflamatória TH2 como último recurso. É o que ocorre no caso da AIDS.

Como se pode deduzir, uma resposta imune eficiente não é sinônimo de resposta imune agressiva. A reação imunológica eficaz é aquela que não só começa no momento certo, mas também termina no tempo exato e é capaz de regular sua intensidade conforme a demanda do agressor. Do contrário, pode acabar causando mais danos que benefícios ao organismo. Por isso, quando uma pessoa diz que está com a "imunidade baixa" e que gostaria de ficar com a "imunidade forte", não está fazendo um bom negócio. O que ela deveria desejar é uma "imunidade equilibrada".

Qualquer que seja o perfil da imunidade de um indivíduo, uma coisa é certa: seu sistema imunológico não nasce pronto. No princípio da vida de uma pessoa, o que a defende de possíveis agentes causadores de doenças são fundamentalmente os anticorpos que ela recebe da mãe – incialmente, através da placenta, durante a gestação, e, após o nascimento, através do leite materno. Justamente por isso, bebês que não recebem o leite da mãe são mais sujeitos a infecções e alergias. Mas, à medida que a criança vai interagindo com o meio externo e se expondo a bactérias, vírus, fungos e protozoários – na respiração, no contato com o seio da mãe, na chupeta, nas brincadeiras com o animal de estimação –, vai amadurecendo as próprias células de defesa, fazendo-as desenvolver suas habilidades de proteção. As células de defesa de um indivíduo adquirem suas funções específicas ao longo dos cinco primeiros anos de vida, essencialmente.

Todo esse processo de amadurecimento do sistema imune acontece, em grande parte, num único cenário: o intestino. Sim, é na parede intestinal que se encontram 80% das células de defesa de um indivíduo. Não por acaso. É essa a região do corpo que tem maior contato com o ambiente externo – se esticada, a mucosa do trato gastrointestinal possui aproximadamente 300 metros quadrados de área,[65] uma superfície muito maior que a da própria pele (cerca de 2 m^2). E é justamente através dessa ampla interação com o meio externo que as células de defesa vão aprendendo suas funções.

Melhor explicando: quando a criança interage com o ambiente ao seu redor, leva para a boca "zilhões" de bactérias e outros micróbios, em sua grande maioria inofensivos. Esses "micróbios do bem" seguem, então, através do aparelho digestivo até o intestino e lá vão compor a chamada flora intestinal. Aos cinco anos de idade, aproximadamente, uma criança já possui a flora intestinal semelhante à de um adulto. Isso significa ser habitado por 100 trilhões de bactérias, que equivalem a dez vezes o número de células do organismo humano.[66] Convivemos muito bem com cada uma delas. E mais do que isso: precisamos delas tanto quanto precisamos do oxigênio do ar. Pois são as bactérias e os outros micróbios da flora intestinal que, ao interagir com as células de defesa da mucosa do intestino, vão ensiná-las a fazer seu trabalho: diferenciar o que é nocivo do que não é e montar estratégias específicas para combater o que precisa ser combatido.

Os conhecimentos que as células de defesa adquirem lidando com as bactérias e demais micro-organismos na flora intestinal acabam sendo usados pelo corpo todo. Ou seja, o padrão de resposta imunológica desenvolvido no intestino se estende aos mecanismos de defesa presentes na pele, no trato respiratório, no aparelho urinário, nos órgãos reprodutores, nas células de defesa da corrente sanguínea e em todas as demais partes do organismo. É o que se chama de solidariedade funcional do sistema imune. Exatamente por esse papel central que o intestino exerce nos mecanismos de defesa do ser humano, muitos pesquisadores de peso hoje consideram a AIDS uma doença do trato gastrointestinal.

Não é à toa que um dos primeiros sintomas da AIDS – sobretudo quando o diagnóstico é feito tardiamente – é uma diarreia intensa e contínua. Como o vírus HIV ataca os linfócitos CD4, acaba desequilibrando a flora intestinal, mantida sob controle pelas células de defesa presentes no intestino. Esse desequilíbrio na população de micróbios, por sua vez, provoca um processo inflamatório na parede intestinal, resultando numa diarreia com muco. Foi em razão desse sintoma, inclusive, que a AIDS ficou conhecida, na África dos anos 1980, como "*slim disease*" – "doença da magreza", em inglês. Era uma referência às pessoas que se consumiam em diarreia pela ação do HIV.

A destruição das células CD4 que revestem a parede intestinal leva a uma condição que os médicos chamam de "perda da barreira intestinal" ou "mucosa careca". Ela é danosa, porque deixa o intestino permeável à passagem de fragmentos das bactérias que compõem a flora normal. E isso não é nada bom. Para se ter uma ideia do quão problemático é esse processo, tracemos um paralelo extremo: quando uma pessoa tem o intestino perfurado por um tiro, por exemplo, ela também perde a barreira intestinal e tem a corrente sanguínea invadida por bactérias. Como essa invasão ocorre de maneira abrupta e em doses elevadas, leva a um quadro de septicemia, ou seja, infecção generalizada, que pode resultar em morte.

No caso da AIDS, o sujeito não chega a entrar em choque séptico, porque os fragmentos de bactéria que penetram a corrente sanguínea não o fazem de uma vez só. A liberação é contínua e em pequenas quantidades. Em vez da septicemia, o que ocorre é uma estimulação crônica do sistema imunológico para combater as bactérias que estão entrando em circulação. O grande problema, nesse caso, é que quanto mais as células de defesa são estimuladas, mais o HIV se replica. E quanto mais o HIV se replica, mais as células de defesa são destruídas. Lembra do cavalo de Troia? Pois aqui está ele novamente. O resultado dessa estimulação crônica da resposta imune é que o quadro de AIDS passa a avançar rapidamente. O processo natural de envelhecimento também se acelera, devido a esse estado de inflamação constante do organismo. E a vida encurta. Novamente: a única maneira de quebrar esse ciclo vicioso é conter o processo de replicação do vírus. Você vai entender como os remédios anti-HIV fazem isso no próprio capítulo.

Capítulo 11

O que os remédios resolveram até aqui

Para quem viveu a agonia dos primeiros anos da epidemia de AIDS, assistindo à doença levar a vida de amigos, familiares, vizinhos, colegas de trabalho e pessoas públicas, dia após dia, a impressão é de que uma eternidade se passou até que a ciência conseguisse deter a avalanche causada pelo HIV. Mas, à luz da história da medicina, é possível enxergar que a reação à doença aconteceu numa velocidade sem precedentes. Principalmente considerando o inimigo poderoso que se tinha por enfrentar. Dois anos após o anúncio dos primeiros casos de AIDS, nos Estados Unidos, a causa da doença estava já descoberta, com o vírus isolado em laboratório. Um par de anos mais e já se tinha o teste de sangue disponível para o diagnóstico da infecção. Em 1987, passados seis anos da eclosão do surto, o primeiro medicamento contra a AIDS, conhecido pela sigla AZT, estava em uso.

Mesmo com grandes limitações, era o primeiro sopro de esperança no sentido de vencer o que, até então, equivalia a uma sentença de morte. Quem acreditou que um dia seria possível controlar aquele mal terrível não tardou a ter sua fé recompensada. Em 1996, contados 15 anos a partir do anúncio dos primeiros casos, começou a ser posto em prática o tratamento que tornaria a AIDS uma doença possível de evitar, como é hoje. O coquetel, combinação de comprimidos que controlam a disseminação do HIV no organismo, atualmente permite postergar indefinidamente o aparecimento da doença. E possibilita às pessoas soropositivas viver tanto quanto aqueles que não têm o vírus, se tratadas de forma precoce e contínua.

E a cruzada não terminou aí: três décadas após ser pega totalmente no contrapé, a comunidade científica se prepara, pela primeira vez de forma realista e verdadeiramente entusiasmada, para livrar a humanidade da AIDS. A expectativa é que as primeiras alternativas de cura venham até o final da próxima década (*acompanhe a marcha da cura da AIDS no próximo capítulo*).

Para efeito de comparação, se recuperarmos a história de como as sociedades reagiram aos principais males que acometeram a espécie humana, não há nada que faça frente à eficiência da resposta dada à AIDS. A peste bubônica, por exemplo, ou "peste negra", como entrou para a história, dizimou três quartos da população europeia,[67] no século XIV, sem que se conseguisse fazer muita coisa além de isolar os doentes. Conforme escreveu o italiano Giovanni Boccaccio, no clássico *Decameron*, ambientado no período da praga, "a tragédia incutiu tamanho horror no coração dos homens e das mulheres que irmãos deserdavam irmãos [...], as mulheres abandonavam seus maridos e, o que era ainda pior, pais e mães se recusavam a cuidar ou sequer se aproximar de seus filhos".[68] Foram necessários cinco séculos para se descobrir que a doença era causada pela bactéria *Yersinia pestis*,* transmitida pela pulga dos ratos.

Sem falar na tuberculose, que foi encontrada até em múmias egípcias, datadas de 3.400 anos antes de Cristo, e só teve sua causa descoberta em 1882.** A vacina veio em 1921, e a cura, nos anos 1950. Apesar disso, a doença ainda mata, anualmente, 1,3 milhão de pessoas,[69] no mundo todo, um número muito

* A bactéria causadora da peste bubônica foi descoberta pelo médico suíço Alexandre Yersin, em 1894.

** A bactéria causadora da tuberculose, o bacilo de Koch, foi descoberta pelo cientista alemão Robert Koch, um dos fundadores da microbiologia e dos estudos relacionados à epidemiologia das doenças transmissíveis.

próximo à mortalidade causada pela AIDS hoje, a cada ano (1,7 milhão).[70]

É verdade que a lentidão para debelar todas essas enfermidades está estreitamente ligada ao fato de que tais doenças surgiram em períodos de conhecimentos médicos e científicos ainda muito precários. Até o século XIX, não se conhecia sequer o princípio básico de contágio das doenças infecciosas. Acreditava-se que o "ar ruim", ao emanar seus "odores fétidos", era o responsável por causar os problemas de saúde. Vigorava, então, a "teoria dos miasmas" – do grego, teoria das "impurezas".[71] Foi só na segunda metade do século XIX que se desenvolveu e se disseminou a teoria microbiana das doenças, a partir da qual se entendeu que parte dos problemas de saúde é causada pela invasão do corpo por micro-organismos – vírus, bactérias, fungos e outros agentes. Ou seja, quase todos os avanços nos conhecimentos e controle de doenças infectocontagiosas aconteceram há menos de duzentos anos.[72]

A AIDS, portanto, surgiu num contexto em que a medicina e as políticas sanitárias haviam já evoluído largamente. Ainda assim, foi preciso um investimento enorme em pesquisa científica de base e tecnologia farmacêutica para tornar possível uma resposta à altura da nova doença. Afinal, como foi dito no primeiro capítulo do livro, até a década de 1980, pouco se conhecia sobre os meandros do sistema imunológico humano, o grande alvo do HIV. A existência de um agente infeccioso capaz de fazer refém a célula de defesa mais estratégica para o nosso organismo era algo inédito – e ainda hoje único. Grande parte do conhecimento que se tem hoje em imunologia foi desenvolvido para dar conta da AIDS.

À parte o momento histórico-científico favorável, a agilidade na resposta à AIDS se deveu ao fato de ela ser uma doença grave, fatal e que atingiu, desde o princípio, países ricos, como os Estados Unidos, a França e outras nações europeias. Mesmo quando se espalhou para além do mundo desenvolvido, atingindo países como o Brasil, a doença afetou primeiramente pessoas de alto nível socioeconômico – provavelmente, porque eram as que tinham mais oportunidades de contato com estrangeiros, seja em viagens internacionais, seja no próprio país. Intelectuais, artistas, políticos e profissionais liberais afetados pelo HIV tiveram voz e influência para pressionar o poder público a tomar as providências necessárias.

Muita gente de posses acabou, inclusive, sendo tratada em hospitais públicos de referência, no início da epidemia, depois de ter o atendimento recusado por seus convênios médicos. Quando a doença começou a se espalhar por todas as classes sociais e a ganhar maior escala, o programa de governo para assistência às pessoas soropositivas já estava bem montado. Nesse contexto de mobilização social, foi especialmente importante o nível de organização da comunidade gay – a mais atingida pela doença, no princípio –, para cobrar assistência à saúde e contribuir, ela mesma, com campanhas de prevenção. Os homossexuais já se encontravam mobilizados havia duas décadas pela luta por direitos civis e, por isso, conseguiram agir rapidamente.

Foi, portanto, graças ao intenso trabalho que uniu comunidade científica, médicos, sociedade civil, governos e indústria farmacêutica que o tratamento anti-HIV pôde ser desenvolvido tão rapidamente. O resultado de tanto esforço é que esses remédios já se tornaram um dos tratamentos que mais salvou vidas, em toda a história da medicina. Segundo a Organização Mundial da Saúde, os medicamentos anti-HIV evitaram em torno de 4 milhões de mortes, apenas na última década, nos países pobres e em desenvolvimento, onde se concentra a grande maioria dos casos de AIDS, atualmente.[73]

Mas, até que o primeiro medicamento com ação antiviral estivesse disponível para controlar a ação do HIV no organismo, tudo o que os médicos podiam fazer era se virar com medidas paliativas. Nos seis primeiros anos de epidemia, a AIDS era uma "doença órfã", ou seja, que não dispunha de tratamento específico. Isso porque a doença se enquadrava na categoria de problemas de saúde considerados raros, por afetar menos de 200 mil pessoas.* "Apesar do crescimento espantoso [*da quantidade de pessoas infectadas*], o número de doentes ainda não justificava grandes investimentos, pois na perspectiva da indústria farmacêutica não havia garantias de retorno financeiro", explica o especialista em saúde pública e ativista da luta contra a AIDS Mário Scheffer, em seu livro *Coquetel: a incrível história dos antirretrovirais e do tratamento da aids no Brasil*.[74]

Mas logo as autoridades de saúde dos Estados Unidos perceberam que, apesar de inicialmente circunscrito a um universo pequeno de pessoas, o HIV tinha um enorme potencial de disseminação. Portanto, a epidemia poderia rapidamente fugir ao controle, se uma solução não fosse encontrada logo. Para ganhar tempo no combate ao vírus, os órgãos governamentais de saúde norte-americanos tomaram uma decisão estratégica: em vez de começarem a pesquisar um novo remédio "do zero", solicitaram à indústria farmacêutica amostras de medicamentos já existentes que poderiam ter efeito sobre o HIV. Como já tinham sido submetidos a vários testes importantes de segurança, essas moléculas poderiam ser experimentadas contra o vírus da AIDS, queimando algumas etapas, no laboratório e em seres humanos.

Depois de várias tentativas frustradas, os pesquisadores obtiveram resultados animadores com o medicamento que ficaria conhecido como AZT. A molécula foi fornecida pela empresa Burroughs Wellcome (atual GSK), que já tinha uma linha de pesquisas com remédios antivirais, tendo inclusive desenvolvido o Aciclovir, conhecida medicação usada no tratamento da herpes. Identificando algumas semelhanças entre o Aciclovir e o AZT, a equipe do laboratório supôs que este último poderia também ter uma ação antiviral e resolveu colocá-lo à prova nas pesquisas contra o vírus da AIDS.

* Parâmetro norte-americano. Pode variar conforme o país.

O AZT havia sido testado originalmente, nos anos 1960, como tratamento de câncer, mas foi abandonado por se mostrar tóxico demais para os doentes – danificava a medula óssea, levando a quadros graves de anemia. Apesar disso, os cientistas acreditaram que, em doses menores, o remédio poderia ser bem tolerado pelas pessoas e ajudar a controlar a replicação do vírus da AIDS. Encorajados pelos bons resultados em laboratório, resolveram, então, iniciar os estudos clínicos, em seres humanos. Mário Scheffer conta com detalhes a história, em seu livro:

> Em 3 de junho de 1985, Samuel Broder [então presidente do Instituto Nacional do Câncer dos Estados Unidos] administrou pela primeira vez o AZT em um doente de aids e deu início aos estudos para determinar sua melhor posologia. Diante da eficácia confirmada e da tolerância satisfatória, passou-se a um estudo controlado [...]: 145 pacientes com aids receberam AZT e 137 apenas placebo. O estudo foi interrompido precocemente em 20 de setembro de 1986, pois foi considerado antiético manter um grupo tomando placebo ante a eficácia do medicamento. No momento da interrupção, 19 pacientes que recebiam placebo já haviam morrido, contra apenas uma morte no grupo do AZT.[75]

Em 19 de março de 1987, o AZT foi liberado para comercialização pela Food and Drug Administration (FDA), a agência norte-americana que regula o setor de medicamentos. Inicialmente, os pacientes tinham de tomar 24 comprimidos ao dia – quatro pílulas a cada quatro horas. Era muita coisa, mas, em comparação ao modo como foi usado no tratamento do câncer, era bem mais razoável. Ainda assim, os pacientes de AIDS tinham muitas dificuldades para tomá-lo, em razão dos efeitos colaterais: dor de cabeça, insônia, fraqueza e ainda anemia (embora em menor intensidade que a observada no tratamento do câncer).

Tudo isso somado aos efeitos adversos dos remédios prescritos para o combate às doenças oportunistas – pneumonia, tuberculose, toxoplasmose, meningite... Era uma batalha aderir ao tratamento. Quase ninguém dava conta. Em poucos meses, novos estudos indicaram que era possível obter os benefícios do AZT com metade da dose inicialmente proposta, e, então, os soropositivos passaram a tomar "somente" 12 comprimidos do medicamento por dia. Mesmo com todo esse sacrifício, o AZT proporcionava uma sobrevida de apenas seis a 12 meses.

No ano seguinte, um novo remédio da mesma classe do AZT, conhecido pela sigla ddI, foi aprovado para pacientes intolerantes ao primeiro medicamento. Em 1992, um terceiro medicamento anti-HIV, do mesmo grupo dos dois primeiros, chamado ddC, começou a ser utilizado. A essa altura, os médicos e pesquisadores já começavam a se dar conta de que, quando um remédio era usado sozinho, acabava perdendo a eficácia rapidamente, pois o HIV se tornava resistente a ele. O que acontecia era que o medicamento "matava" uma parte dos vírus e, então, sobravam exatamente os que eram imunes à substância. Foi se formando, nesse momento, a ideia de que, usando duas medicações, em paralelo, seria possível minimizar o problema da resistência ao tratamento. Se o vírus "escapasse" de um dos remédios, seria "pego" pelo outro. Foi aí que se iniciou a era da terapia dupla. Em 1992, a FDA aprovou o uso combinado do AZT + ddC. No total, os pacientes tinham de tomar nove comprimidos diários.

Para decepção geral, no entanto, mesmo com a terapia dupla, o ganho no tempo de vida não foi lá essas coisas: apenas um ano e meio a mais, aproximadamente. "O cenário geral estava contaminado pela falta de esperança, e a Conferência Internacional de Aids em Berlim, em junho de 1993, foi marcada por um clima sombrio, quase depressivo".[76] descreveu Scheffer, em seu livro *Coquetel.*

A grande virada no tratamento da AIDS aconteceu quando surgiu uma nova classe de medicamentos – os inibidores da protease (conhecidos pela sigla IP). Com os IPs, foi possível aprofundar o conceito criado a partir da terapia dupla: o de que combinar diferentes remédios no combate ao HIV poderia reduzir o índice de falhas terapêuticas. Mas, agora, com uma novidade: não só se estaria combinando um número maior de medicamentos – três remédios, em vez de dois –, mas também seria incluída uma substância com ação totalmente diferente sobre o vírus, em relação às outras duas. Esse novo esquema de tratamento – um IP mais dois remédios da classe do AZT – foi batizado no meio médico como Terapia Antiviral Altamente Ativa (HAART, na sigla em inglês) e popularizado como "coquetel". Tornou-se mais difícil para o HIV driblar as medicações, que agora atacavam o vírus com golpes desferidos simultaneamente em diferentes direções.

O coquetel resgatou até mesmo a saúde de pessoas que estavam prestes a perder a batalha contra a AIDS – extremamente fracos, com o corpo muito emagrecido e tomado por doenças oportunistas, eles estavam já resignados à morte. Com o novo esquema de tratamento, muitos desses sujeitos recuperaram 10, 15, 20 quilos em questão de meses, curaram-se das infecções oportunistas e tiveram suas vidas de volta. Vários estão vivos ainda hoje. Aos olhos dos não cientistas, parecia milagre. Até mesmo para os médicos foi surpreendente. Um dos raros momentos em que se testemunha uma revolução na medicina.

O coquetel permitiu manter o HIV sob controle de forma permanente, não mais temporária, como nos tratamentos anteriores. Assim, fez a AIDS deixar de ser uma doença fatal para se transformar numa doença crônica – ou seja, com a qual é perfeitamente possível conviver, desde que submetida ao uso contínuo de remédios, de forma semelhante ao que ocorre no caso da diabetes ou da hipertensão.

O novo tratamento foi de tal maneira um divisor de águas na história da AIDS que fez cair em desuso o conceito de sobrevida, associado às medicações anteriores. Como foi dito anteriormente, se iniciada de forma precoce e cumprida à risca, sem interrupções, a Terapia Antiviral Altamente Ativa permite a uma pessoa soropositiva viver tanto quanto um indivíduo que não tem o vírus. Quanto mais precoce o início do tratamento, maior a longevidade média dos pacientes.[77]

Quando se inicia o uso do coquetel, o primeiro efeito esperado é reduzir a carga viral a zero, ou seja, eliminar todas as cópias de HIV que estejam se multiplicando ativamente na corrente sanguínea e debilitando o sistema imunológico. Na verdade, o que acontece é que, com a ação dos remédios, a quantidade de vírus no corpo se torna tão pequena que o exame de sangue nem consegue mais detectá-lo. Os primeiros exames de carga viral, desenvolvidos no início dos anos 1990, conseguiam detectar a presença do HIV no organismo quando havia pelo menos 2 mil cópias do vírus por microlitro de sangue (parece muito, mas não é – lembre-se de que, na ausência de tratamento, o HIV consegue produzir 10 bilhões de cópias de si mesmo num só dia[78]). Hoje, a maioria dos exames consegue identificar a partir de 20 cópias de HIV por microlitro de sangue (e os testes mais modernos, utilizados nos serviços de ponta do Brasil e no exterior, são capazes de detectar até duas cópias virais por microlitro de sangue). Seja qual for a precisão do teste, o que o médico espera ver escrito no resultado, em geral após seis semanas de tratamento, são apenas três palavras: "CARGA VIRAL INDETECTÁVEL".

Quando a quantidade de HIV no corpo fica reduzida a esse nível mínimo, imperceptível até para os exames mais acurados, as células de defesa param de ser destruídas e começam a se recuperar até voltar ao nível normal. O tempo de recomposição varia de pessoa para pessoa – depende da reação do corpo aos remédios, da adesão ao tratamento e também da adoção de hábitos saudáveis, como a prática de atividade física, moderação no consumo de bebidas alcoólicas e quantidade adequada de sono. Mas, no geral, as células de defesa retomam o nível desejado em até um ano de tratamento. Daí em diante, é questão de manter o uso dos remédios para continuar saudável.

Numa analogia, pode-se dizer que o indivíduo infectado pelo HIV é como um trem em movimento numa estrada de ferro. Se o trem segue livremente, sem ser interrompido, encontra, ao fim da estrada, um precipício chamado AIDS. A distância até o precipício é medida pela quantidade de células de defesa (os linfócitos CD4) presentes no sangue da pessoa. Já a velocidade do trem se mede pela quantidade de HIV no organismo (a carga viral). Um trem que está relativamente próximo ao precipício, mas viaja bem devagar (ou seja, que conseguiu conter a multiplicação do vírus, apesar de estar com as defesas imunológicas ainda um pouco debilitadas), pode ser menos perigoso que um trem que está distante de seu destino final, mas corre a toda velocidade (a carga viral muito elevada e em ascensão vai fatalmente corroer as defesas do organismo e levar o trem ao desfiladeiro). O ideal, claro, é frear esse trem no começo da estrada. Assim, ele nunca cairá no abismo.

Apesar de ter revolucionado o tratamento do HIV/AIDS, o coquetel ainda apresenta uma limitação importante: só consegue manter o vírus sob controle enquanto os comprimidos são tomados. Se o tratamento é interrompido por apenas alguns dias, mesmo depois de cinco, dez, quinze anos de cuidados contínuos, o HIV volta a produzir cópias de si mesmo e a espalhá-las pelo corpo.

Isso acontece porque o vírus da AIDS se esconde em determinados reservatórios que são inacessíveis aos remédios. São os “santuários” do HIV. Há reservatórios espalhados por todo o organismo – na parede do intestino, nos gânglios linfáticos, na medula óssea, no baço, no cérebro, entre outros locais. Lá, o HIV fica em estado latente – na verdade, não em dormência completa, mas num ritmo de replicação bastante lento, que o permite ficar protegido da ação dos remédios, já que os medicamentos só atuam nas regiões do corpo onde o HIV se replica de forma rápida, como ocorre na corrente sanguínea.

As partículas de HIV que ficam escondidas nos santuários reabastecem o sangue com novas cópias virais vagarosamente. Na presença dos remédios, essas cópias virais lançadas na corrente sanguínea são rapidamente eliminadas. Mas, quando o uso da medicação é interrompido, o HIV volta a produzir cópias de si mesmo em alta velocidade, podendo produzir até 10 bilhões de vírus por dia.[79] Por isso, o sujeito HIV-positivo não pode interromper o tratamento.

À época do anúncio do coquetel, os cientistas já conheciam, em parte, essa habilidade do HIV de se proteger em certos esconderijos e foram cautelosos ao explicar os "poderes" da terapia HAART diante de um inimigo tão ardiloso. Ninguém pronunciou a palavra "cura" – pelo menos não em público. Mas houve uma ponta de esperança no sentido de que seria possível derrotar de vez o vírus da AIDS com o novo tratamento. A reportagem de capa da revista *Veja* publicada em 10 de julho de 1996, semana em que os primeiros resultados com o coquetel foram anunciados na 11ª Conferência Internacional da Aids, em Vancouver, no Canadá, registrou a fala otimista do "pai do coquetel", o virologista David Ho: "Caso as biópsias mostrem que não há vírus nos nódulos [*linfáticos dos pacientes, um dos lugares onde o vírus se esconde, mesmo quando está indetectável na corrente sanguínea*], vamos interromper as drogas",[80] disse Ho. A reportagem complementava a explicação: "Se o vírus não voltar em cinco anos, os médicos podem declarar os pacientes clinicamente sadios".

Não foi possível com o coquetel. Mas é justamente nisso que algumas das frentes de pesquisa mais modernas se concentram agora: desenvolver medicações capazes de agir nos reservatórios, para, enfim, erradicar o vírus do corpo e curar a doença. Os resultados dos estudos têm deixado entusiasmados mesmo os especialistas mais escaldados (*mais detalhes sobre as perspectivas de cura da AIDS no capítulo seguinte*).

O desfecho do tratamento da infecção por HIV está ainda em aberto, portanto. Mas, sobre o início do tratamento, um conceito foi se consolidando nas últimas duas décadas: começar a tratar cedo é melhor. Ainda em sua fala de apresentação do coquetel, na conferência de Vancouver, em 1996, David Ho defendeu essa ideia, com uma frase que se tornaria célebre: "*Hit early, hit hard*". Em tradução literal, "bata cedo, bata forte" no vírus da AIDS. O cientista já sugeria que os médicos não deveriam esperar as células CD4 descerem a níveis muito baixos e as doenças oportunistas aparecerem para começar a medicar seus pacientes, como se praticava à época. Ou seja, Ho dizia que era melhor iniciar o tratamento antes que o quadro de AIDS se instalasse. Assim, era possível preservar melhor o sistema imunológico e a saúde geral do indivíduo HIV-positivo.

Apesar do consenso que se formou sobre a importância do tratamento precoce, a discussão sobre o momento exato de iniciar o uso dos remédios nunca foi um ponto pacífico. De um lado da balança, sempre foram pesados os possíveis efeitos colaterais imediatos – náusea, diarreia, tonturas, dores de cabeça – e cumulativos – aumento do colesterol, doenças cardiovasculares e osteoporose – de medicamentos que precisam ser tomados pela vida toda. Do outro lado, contam-se os benefícios que um tratamento precoce pode proporcionar em termos de longevidade e, em muitos casos, qualidade de vida, quando o organismo da pessoa tolera bem os remédios. Permeando os prós e contras do ponto de vista da saúde, sempre houve também a ponderação econômica do custo-benefício de um tratamento que começa muito cedo. Hoje, com quase duas décadas de uso do coquetel, estudos já permitem concluir que o melhor – tanto do ponto de vista da saúde quanto do ponto de vista financeiro – é iniciar o tratamento o mais cedo possível, antes que as defesas do organismo desçam abaixo do nível considerado saudável.

Prova disso é que, em 2013, a Organização Mundial da Saúde (OMS) atualizou suas diretrizes de tratamento e passou a recomendar que todos os pacientes sejam tratados quando o nível de linfócitos CD4 atingir o patamar de 500 células por microlitro de sangue, o mínimo geralmente encontrado em pessoas saudáveis (anteriormente, indicava-se esperar o número de células de defesa descer a 350 CD4 por microlitro de sangue).

Em alguns casos específicos, a OMS passou a recomendar início imediato do tratamento, independentemente do nível de CD4. É o caso das pessoas com HIV casadas ou que têm relacionamentos fixos com pessoas que não possuem o vírus, das mulheres grávidas HIV-positivas, das crianças infectadas com menos de cinco anos de idade e dos portadores do vírus que tenham também hepatite B ou tuberculose. Com esses novos parâmetros, a OMS calcula que será possível evitar mais 3 milhões de mortes e 3,5 milhões de novas infecções, entre 2012 e 2015, nos países pobres e em desenvolvimento. Quem se trata adequadamente, além de ficar mais saudável, tem chance muito menor de passar o HIV adiante. O risco de transmissão cai incríveis 96%,* quando o sujeito mantém a carga viral em nível indetectável.[81] Ou seja, o benefício dos remédios se desdobra do indivíduo para a coletividade. E o tratamento funciona também como prevenção.

A OMS reconhece que a adoção das novas diretrizes irá requerer um aumento da ordem de 10% nos investimentos globais para resposta à AIDS, e, que ainda assim, o aumento de gastos vale a pena. Em documento publicado em junho de 2013, a organização justifica: "Maior acesso aos ART [*antirretrovirais – os medicamentos que compõem o coquetel*] irá reduzir novas infecções por HIV e, em consequência, diminuir o número de pessoas elegíveis ao tratamento" (tradução nossa).[82] Ou seja, gasta-se mais agora para economizar uma quantia maior adiante.

A adoção de parâmetros mais precoces de tratamento alinha-se ao que já é praticado há pelo menos cinco anos em muitos consultórios médicos particulares, em que o infectologista

* Somado ao uso correto da camisinha, o risco cai a menos de 1%.

prescreve os medicamentos anti-HIV ao paciente assim que o diagnostica, mesmo que sua contagem de células CD4 esteja elevada. O início do tratamento logo no momento do diagnóstico tornou-se também a conduta no Sistema Único de Saúde (SUS) a partir do dia 1º de dezembro de 2013, segundo determinação do Ministério da Saúde brasileiro.

As vantagens dessa estratégia de combater o vírus ainda no raiar da infecção são muitas: em primeiro lugar, as opções de tratamento são maiores. O médico pode considerar cada um dos medicamentos disponíveis – cerca de vinte, no caso do Brasil – para compor o coquetel de seu paciente. Isso porque, no início da infecção, o HIV ainda não teve tempo de passar por um grande número de mutações e desenvolver resistências aos remédios. Com um leque maior de opções na escolha das medicações, o profissional pode optar por compor o coquetel com menos comprimidos e com medicamentos mais modernos, que tenham menos efeitos colaterais.

Por outro lado, se a infecção por HIV começa a ser tratada numa fase já muito adiantada, corre-se o risco de nunca mais se conseguir recuperar a eficiência do sistema imunológico totalmente. Isso acontece porque, quando as células de defesa são reduzidas a níveis muito críticos, o sistema imunológico pode sofrer sequelas estruturais e anatômicas que não lhe permitem voltar a funcionar tão bem quanto antes. E aí o sujeito tende a ficar com a saúde geral mais frágil. Num paralelo com a engenharia, seria como esperar um imóvel atingir um estado muito degradado para fazer uma reforma – nesse ponto, é possível que sua estrutura já tenha sido abalada, e, então, o restauro vai apenas melhorá-lo, mas não deixá-lo sólido e seguro como era originalmente.

Além disso, quando o tratamento é iniciado com o CD4 muito baixo – especialmente menos de 100 células por microlitro de sangue – pode-se ainda ter de pagar uma conta que os médicos chamam de “preço do sucesso”. Acontece o seguinte: no momento em que os remédios anti-HIV começam a agir num sistema imunológico muito debilitado, rapidamente desencadeiam-se respostas inflamatórias em todo o corpo para reagir às infecções que tipicamente acometem os sujeitos com AIDS – tuberculose, toxoplasmose, pneumonia, meningite, entre outras. Lembra-se do caso de Estela, 25 anos, que passou 45 dias na UTI, correndo risco de vida, por ter começado a se tratar já doente de AIDS, sete anos após o diagnóstico? Felizmente, tudo acabou bem para ela, mas numa situação dessas o sujeito pode acabar morrendo pela ação de seu próprio exército de defesa – o tal "fogo amigo" do sistema imunológico, mencionado no capítulo anterior.

Essa reação de indivíduos muito debilitados ao começo do tratamento – o "preço do sucesso" – chama-se, no jargão médico, síndrome inflamatória da reconstituição imune (IRIS, na sigla, em inglês). Nesses casos, para que o desfecho do tratamento não seja trágico, o começo do uso do coquetel precisa ocorrer de forma especialmente supervisionada – o médico pede que o paciente vá ao consultório a cada 15 dias, ou até antes, caso sinta febre, falta de ar ou outro tipo de mal-estar. Interná-lo para introduzir a medicação também pode ser necessário.

Até mesmo a incidência de câncer é mais comum em pessoas soropositivas com níveis de CD4 mais baixos. Um estudo recentemente publicado na revista científica britânica *The Lancet Oncology*, uma das mais importantes no meio médico internacional, depois de acompanhar 52.278 pacientes HIV-positivos, durante oito anos, constatou que a incidência de vários tipos de tumor – inclusive no pulmão, no fígado e no colo do útero – aumenta gradativamente, à medida que o nível de CD4 cai abaixo de 500 células por microlitro de sangue. No caso do câncer de pulmão, por exemplo, as chances de ter esse tipo de tumor dobram, quando se comparam pacientes com CD4 acima de 500 e aqueles com contagem de CD4 entre 350-499; e aumentam 8,5 vezes, no caso daqueles com CD4 abaixo de 50 células por microlitro de sangue.[83]

Isso acontece porque os linfócitos CD4 são justamente os responsáveis por conter a proliferação indevida de células no organismo, que podem dar origem a diversos tipos de câncer – afinal, tumores nada mais são do que um conjunto de células que passou a se multiplicar de maneira descontrolada. Qualquer pessoa desenvolveria dezenas de tumores, todos os dias, não fosse o trabalho vigilante do sistema imunológico. Nas pessoas que estão com as defesas debilitadas, como os portadores do vírus da AIDS sem tratamento adequado, esse mecanismo natural de controle falha e abre brecha para o surgimento de cânceres diversos. Por isso, na pesquisa publicada no *Lancet*, os cientistas concluem que o uso do coquetel é mais benéfico "se restaura ou mantém o CD4 acima de 500 células por microlitro de sangue, por esse motivo indicando um diagnóstico anterior da infecção por HIV e o início precoce do tratamento".[84]

Ou seja: quando se descobre e se trata cedo a infecção por HIV, o problema pode de fato ser considerado uma "doença crônica manejável", como classifica a OMS. Mas, se se adiam demais os cuidados, a AIDS pode, ainda hoje, se tornar uma doença fatal, como era nos primórdios da epidemia. Por isso, preocupa o dado de que, nos países pobres e em desenvolvimento, ainda se inicia o tratamento com a contagem de CD4 muito baixa – apenas 124 células por microlitro de sangue, em média.[85] Mesmo no Brasil, apenas 37% das pessoas são diagnosticadas e tratadas com o CD4 acima de 500, ou seja, com o sistema imunológico ainda sadio. Um quarto dos brasileiros com HIV chega ao serviço de saúde tardiamente, com CD4 abaixo de 200[86] – quando, geralmente, a infecção por HIV já evoluiu para o quadro de AIDS, ou seja, a doença instalada. Um quinto dos 734 mil portadores do vírus da AIDS no Brasil nem sabe de sua condição de soropositivo, segundo estimativa do Ministério da Saúde.[87]

O Brasil se tornou referência mundial na luta contra a AIDS pelo pioneirismo de assumir o tratamento das pessoas portadoras de HIV em seu sistema público de saúde. Foi a primeira nação em desenvolvimento a adotar essa estratégia, a despeito de comentários da comunidade internacional de que isso era desperdício de dinheiro, pois populações pobres não conseguiriam aderir a esquemas de tratamento complicados, com várias doses diárias e exigências de tomar os comprimidos em períodos rígidos de jejum, como era no início – o que se revelou puro preconceito. Desde 1991, o governo brasileiro distribui os medicamentos gratuitamente e, desde 1996, o faz em regime de obrigatoriedade, por força de lei.[88] Hoje, quase 400 mil pessoas com HIV se tratam no SUS,[89] retirando seus remédios, a cada um ou dois meses, numa das 759 farmácias públicas distribuidoras do coquetel.[90] A experiência brasileira serviu de exemplo para muitos países subdesenvolvidos, estimulando inclusive os investimentos feitos em tratamento na África.

Atualmente, no entanto, o programa nacional de combate à AIDS vem sendo criticado em alguns pontos por importantes especialistas e militantes que atuam no combate à epidemia de HIV. A quantidade de novos casos da doença vem aumentando no país, contrapondo a tendência internacional. Em 1º de dezembro de 2014, dia mundial de luta contra a AIDS, a UNAIDS ressaltou a redução das novas infeções por HIV, no mundo, em 38%, desde 2001.[91] No mesmo período, o Brasil teve um aumento de 21% no número de novos casos detectados.[92]

Em entrevista concedida para este livro, o diretor do Departamento de DST, Aids e Hepatites Virais do Ministério da Saúde, Fábio Mesquita, avaliou que houve, na última década, uma falta de incorporação de avanços tecnológicos ao tratamento que permitiriam um impacto maior na epidemia brasileira. "Foi uma década em que se fez o mais do mesmo", afirmou.[93] Segundo o diretor do departamento, em dezembro de 2013 começaram a ser incorporadas mudanças na política de combate à AIDS do país que terão efeito positivo sobre a epidemia nos próximos anos.

Atualmente, o cenário ainda é especialmente preocupante em alguns grupos. A prevalência do HIV é de 10,5% entre os homossexuais, bissexuais e demais homens que fazem sexo com homens (incluindo aqueles que se consideram heterossexuais) –

uma proporção compatível com a ocorrência do HIV em países africanos, como o Malawi e Zâmbia. Entre as prostitutas, 5% têm o vírus. E, no grupo dos usuários de drogas – homens e mulheres, independentemente da orientação sexual –, 6% estão infectados. São ocorrências muito acima da média da população brasileira, na qual o vírus da AIDS atinge 0,4% das pessoas.[94]

O Brasil também tem chegado atrasado no processo de modernização das medicações utilizadas no tratamento. Desde 2008, boa parte dos países utiliza remédios anti-HIV que combinam três substâncias num só comprimido. É o chamado "três em um". Ou seja, em vez de tomar três, seis ou até nove cápsulas ao dia, o paciente toma uma dose única diária. Esse tipo de medicamento aumenta expressivamente a adesão ao tratamento. Só começou a ser usado no Brasil em 2014.

Cada vez mais, o país enfrenta o desafio de garantir a sustentabilidade da distribuição gratuita e universal de medicamentos anti-HIV, que já consome algo da ordem de R$ 800 milhões ao ano,[95] pouco mais do triplo em relação ao que era exigido para esse tipo de medicamento há uma década.[96] E, idealmente, o governo ainda tem de incluir cerca de 335 mil pessoas no programa de tratamento, ou seja, quase dobrar a quantidade de indivíduos atendidos. Como o número de novas infecções vem aumentando, e a mortalidade pela doença vem diminuindo, a cada ano há mais gente vivendo com HIV/AIDS no país.

A cura da AIDS está mais próxima do que nunca, e isso é motivo de esperança para todos. No entanto, até lá, novos casos de contaminação precisam ser evitados com maior investimento em prevenção. Do contrário, a capacidade do governo de custear o tratamento da população pode se esgotar. E aí a cura irá se tornar imprescindível não só para que as pessoas infectadas possam viver com mais qualidade de vida, sem ter de tomar remédios pela vida toda, mas também porque pode se tornar a única solução viável em termos de saúde pública.

Capítulo 12

Quantos passos faltam para a cura?

Boa parte do percurso que levará à cura da AIDS já foi cumprido. Se essa trajetória fosse uma maratona, poderíamos dizer que, dos 42 quilômetros de prova, falta agora um terço do trajeto. Conquistar a medalha é questão de reunir fôlego e pernas para mais uns 15 quilômetros de corrida.

Nessa prova, os pesquisadores estão contando com a ajuda de certos "coelhos" – assim são chamados, no jargão do atletismo, os corredores que vão na frente até determinada parte da competição, impondo um ritmo acelerado aos atletas para ajudá-los a melhorarem seu tempo ou até quebrar algum recorde. Na rota da cura da AIDS, os tais "coelhos" são os indivíduos naturalmente resistentes à doença.

Por certas especificidades genéticas, cerca de 2% da população mundial não se deixa contaminar pelo vírus da AIDS, mesmo que se exponha repetidamente a ele. São as pessoas imunes ao HIV. Outros 5%, aproximadamente, adquirem o vírus, mas não ficam doentes, pois o organismo desses sortudos é capaz de controlar o HIV espontaneamente, sem remédios. Esses são os indivíduos chamados "controladores de elite".

São também "coelhos", nessa prova de resistência, um sujeito norte-americano (curiosamente conhecido como o "paciente de Berlim", conforme se explica mais adiante) e pouco mais de uma dúzia de sujeitos franceses que, submetidos a tratamentos experimentais, realizados em condições muito específicas, difíceis de reproduzir em larga escala, atingiram estados de cura. O norte-americano foi o único, até hoje, a atingir a chamada "cura por esterilização", em que o HIV é eliminado por completo do organismo. Já os franceses atingiram o que se chama de "cura funcional" – embora haja vestígios do HIV em certos recônditos de seus corpos, o vírus parou de se multiplicar e se manteve em níveis muito baixos no sangue, anos depois de interrompido o uso de qualquer medicação antiviral. Ao que tudo indica, eles estão livres do risco de ficar doentes de AIDS e também de ter de tomar remédios para controlar o vírus.

Investigando o que se passa no corpo desses indivíduos – tanto os naturalmente imunes à doença quanto os que atingiram a cura com medidas extraordinárias –, os cientistas vêm adquirindo conhecimentos fundamentais sobre a maneira como o HIV interage com o organismo humano. Com base nesses conhecimentos, estão sendo desenvolvidos novos e promissores tratamentos. E estão agora mais perto do que nunca de tornar a cura da AIDS não mais uma excepcionalidade intrigante, mas uma realidade possível a todas as pessoas portadoras do HIV.

Uma das frentes de pesquisa mais avançadas nessa área envolve o uso de ferramentas da engenharia genética. A base desse tratamento é o dado, já conhecido há uma década, de que as pessoas naturalmente imunes ao HIV – ou seja, aquelas que não contraem o vírus, mesmo quando expostas repetidamente a ele – possuem uma pequena modificação em seus linfócitos CD4, as células de defesa atacadas pelo vírus da AIDS.

Por certas alterações num gene específico, esses indivíduos nascem sem a capacidade de produzir uma proteína chamada CCR5, que se localiza na parede do CD4 e funciona como uma porta de entrada para o HIV. Sem o CCR5, os linfócitos CD4 tornam-se impermeáveis ao vírus da AIDS. E, até onde se sabe, a maior "utilidade" dessa proteína é mesmo "dar uma força" ao HIV. As pessoas que, por questões genéticas, nascem sem ela vivem perfeitamente bem.

Além do conhecimento-base sobre o CCR5, a inspiração mais direta para a criação do novo tratamento com terapia genética (*detalhes do tratamento a seguir*) é a experiência vivida pelo tal "paciente de Berlim". Timothy Brown, 47 anos, é, na verdade, um norte-americano de Seattle que se tornou a primeira pessoa do mundo a ser curada de AIDS, em 2007, quando estava morando na capital da Alemanha. Portador do HIV desde 1995, ele descobriu, então, que estava sofrendo também de leucemia, um tipo de câncer que afeta células do sangue. Por motivos ainda não totalmente conhecidos, essas células passam a ser produzidas com defeito pela medula óssea. Pacientes com leucemia precisam, em alguns casos, ser submetidos a um transplante de medula para voltar a produzir células sanguíneas saudáveis e se curar. Era a situação do paciente de Berlim.

O médico de Brown teve, àquela época, a brilhante ideia de buscar um doador de medula óssea que, além de compatível com seu paciente, fosse naturalmente imune ao vírus da AIDS – ou seja, produzisse células de defesa sem o receptor CCR5. Quem sabe assim ele não conseguiria resolver dois problemas de uma vez só? E bingo! Desde que foi submetido ao transplante, Brown, além de se curar da leucemia, ficou livre do HIV. Herdou do doador da medula a imunidade ao vírus da AIDS. Ele já está sem sinais do vírus no sangue e sem tomar o coquetel há mais de cinco anos – um número "cabalístico" para a medicina. É depois de cinco anos sem recaídas que os pacientes de câncer são considerados curados, por exemplo.

O procedimento a que Timothy Brown foi submetido é de alto risco. As chances de uma pessoa morrer em decorrência de um transplante de medula óssea são de até 50%. Isso porque a medula da pessoa doente precisa ser destruída, antes de receber a medula do doador. Nesse meio tempo, o paciente fica praticamente sem mecanismos de defesa, e os riscos de sucumbir a infecções são grandes. Há também riscos de complicações posteriores, como processos de rejeição entre o corpo e a nova medula, entre outros fatores. Ou seja, essa era uma opção para Brown, que estava doente de leucemia e precisava passar pelo procedimento de qualquer maneira. Caso contrário, não sobreviveria. Mas não é um risco que vale a pena para as pessoas com HIV que estão saudáveis, levando a vida normalmente com a ajuda do coquetel.

Apesar de não ser um procedimento que vá ser repetido como alternativa de cura para a AIDS, portanto, a experiência com o paciente de Berlim serviu de inspiração para pesquisadores da Universidade da Pensilvânia, em parceria com a empresa de biotecnologia Sangamo BioSciences, na Califórnia, desenvolverem um tratamento completamente novo contra a doença.

O princípio da terapia é nada menos que editar geneticamente os linfócitos CD4 dos sujeitos portadores do vírus da AIDS, de modo a induzir que essas células parem de produzir o receptor CCR5 – e, então, o HIV não consiga mais infectá-las. A substância que promete "operar esse milagre" vem tendo seus efeitos estudados em pessoas desde 2009 e está atualmente na segunda fase de testes com seres humanos. Trata-se de um composto de zinco, que vem sendo identificado, por ora, pela sigla SB-728-T.[97]

O procedimento com o SB-728-T é feito da seguinte maneira: uma amostra de sangue é colhida do indivíduo HIV-positivo. Um processo simples, como retirar algumas ampolas de sangue para um exame de rotina. Então, em laboratório, os cientistas isolam os linfócitos CD4 contidos na amostra sanguínea. Em seguida, introduzem a molécula do novo medicamento no núcleo dos linfócitos. Quinze a 20 dias depois que a molécula de zinco se incorpora ao DNA dos linfócitos CD4, as células param de produzir o receptor CCR5. Ou seja, tornamse impermeáveis ao HIV. As células modificadas geneticamente são, então, reinjetadas no sujeito de onde foram retiradas.

Cada indivíduo recebe uma injeção que contém, em média, 10 bilhões de linfócitos CD4 alterados.[98] Funciona como se a pessoa estivesse recebendo uma medicação intravenosa, através de um acesso no braço.

A partir daí, o corpo dos pacientes torna-se palco de uma clássica competição darwiniana: linfócitos com o CCR5 e linfócitos sem CCR5 passam a competir entre si. Enquanto as células com CCR5 vão morrendo, depois de invadidas e escravizadas pelo HIV, as células sem CCR5, impermeáveis ao vírus, vão se multiplicando. Pouco a pouco, os linfócitos "originais de fábrica" vão sendo trocados pelas células CD4 tratadas geneticamente. Ou seja, é como fazer um transplante de medula óssea aos poucos – sem ter todos os riscos do transplante de medula convencional. Daí a inspiração no procedimento realizado com o paciente de Berlim.

Até março de 2014, doze pessoas haviam sido submetidas ao procedimento experimental desenvolvido pelos pesquisadores norte-americanos, num estudo-piloto dedicado a testar mais a segurança do tratamento que sua eficácia. O procedimento mostrou-se seguro até então. Apenas um dos indivíduos que recebeu a infusão com as próprias células modificadas geneticamente teve efeitos colaterais – febre, calafrio, dor nas juntas e nas costas, nas 24 horas que se seguiram ao procedimento.[99] Mas os sintomas foram controlados sem maiores problemas.

Metade dos participantes do estudo foi orientada a interromper o uso do coquetel – tratamento tradicional contra o HIV, usado atualmente – um mês após passar pelo procedimento experimental. E assim eles permaneceram durante três meses. Nesse grupo de seis pessoas, quatro conseguiram manter a quantidade de vírus no organismo sob controle, durante o período estabelecido. O número de células de defesa CD4 também subiu, após o início do tratamento experimental, o que foi considerado um ponto positivo dos testes.

O estudo precisa agora seguir adiante com mais pessoas e por mais tempo para comprovar sua eficácia e segurança em populações mais amplas e por períodos prolongados. A FDA, agência americana que controla o setor de medicamentos, exige que os indivíduos que foram submetidos ao tratamento experimental sejam acompanhados por pelo menos 15 anos para garantir que a alteração no gene do CCR5 não irá causar problemas até agora não previstos.

Se se confirmarem e aprimorarem os resultados obtidos até agora, o SB-728-T vai ser uma revolução na acepção do termo – não bastasse curar a infecção por HIV já instalada, vai tornar os indivíduos tratados imunes a novas contaminações pelo vírus da AIDS. Ou seja, na prática, além de um tratamento de cura, vai funcionar também como uma vacina.

Parece bom demais para ser verdade – e, em alguma medida, é. Quando chegar ao mercado, o tratamento provavelmente custará caro, em função de toda a tecnologia envolvida. Fala-se em 100 mil dólares para o tratamento por pessoa, que compreenderia a repetição do procedimento por quatro vezes – uma injeção a cada seis meses –, ao longo de dois anos, para se obter o efeito de cura.

Um complicador logístico também precisará ser enfrentado: como oferecer um procedimento sofisticado como esse aos 35 milhões de indivíduos portadores do vírus da AIDS, em todo o mundo? Afinal, não se trata mais de produzir e vender comprimidos, apenas. O novo tratamento requer o envolvimento de laboratórios de segurança máxima para manipular as células colhidas dos pacientes e editá-las geneticamente.

Além disso, o medicamento da Sangamo se mostrou mais efetivo, até agora, para as pessoas que já iniciaram o tratamento experimental tendo a carga viral indetectável e níveis de CD4 acima de 500 células por microlitro de sangue. Ainda não se sabe se o SB-728-T conseguirá proporcionar uma solução definitiva para portadores do vírus em pior situação de saúde.

Ao que tudo indica, pelo menos no princípio, esse será um tratamento para poucos.

Mas há ainda uma segunda linha de pesquisas completamente diferente – e mais simples – sendo traçada na direção da cura da AIDS. Trata-se de uma estratégia que busca preencher diretamente a lacuna deixada pelo coquetel – ou seja, agir sobre os tais "santuários" onde o HIV se esconde, em diversas partes do corpo.

Como explicamos no capítulo anterior, os medicamentos do coquetel só conseguem atuar nas regiões do organismo onde o HIV se multiplica de forma rápida, como ocorre nos linfócitos CD4 presentes na corrente sanguínea. Ficam fora do alcance dos medicamentos os linfócitos inativos, que contêm HIV em estado de quase dormência.

Há reservatórios de HIV espalhados por todo o organismo – na parede do intestino, nos gânglios linfáticos, na medula óssea, no baço, no cérebro, dentre outros locais. Para cada mil linfócitos CD4 que contêm vírus em intensa atividade de replicação – suscetíveis aos remédios do coquetel, portanto – há um linfócito CD4 onde o vírus encontra-se em estado latente, imune ao ataque dos medicamentos.

É por causa desses reservatórios de HIV que os portadores do vírus da AIDS ainda têm de tomar remédios pela vida toda. Os linfócitos que se encontram em estado de quase-dormência vão, lentamente, reabastecendo a corrente sanguínea com cópias virais. Se o sujeito estiver tomando o coquetel, tudo certo – os remédios aniquilam o HIV reposto pelos reservatórios rapidamente. Mas se a pessoa tiver interrompido a medicação, o HIV fica livre para voltar a se replicar rapidamente no sangue.

Enquanto os linfócitos da corrente sanguínea têm vida curta, renovando-se a cada três ou seis semanas, os reservatórios são células de vida longa. Deixados a seu próprio curso, o conjunto de todos esses "esconderijos de HIV" levaria 50 anos, aproximadamente, para se esgotar naturalmente. Ou seja, em tese, se uma pessoa portadora do vírus da AIDS tomar o coquetel por cinco décadas, ela se cura. Mas, até lá, já estará no fim da vida, provavelmente. O que pesquisadores de diferentes universidades dos Estados Unidos, da Inglaterra, da Dinamarca e da Austrália estão tentando agora é acelerar esse processo.

Os estudiosos estão desenvolvendo remédios que vêm se mostrando capazes de "acordar" as cópias virais contidas nesses reservatórios – e aí, uma vez ativas, elas são lançadas na corrente sanguínea e entram na mira do bom e velho coquetel. Uma "ação entre amigos" bem coordenada. Esses novos medicamentos, também já em fase de testes com humanos, estão sendo apelidados de "caça-tatu" – porque vão buscar os vírus latentes em suas "tocas" para, então, jogá-los na cova dos leões.

Como esses novos medicamentos precisam agir em parceria com os remédios do coquetel, funcionarão melhor em pessoas que não tenham desenvolvido resistência aos antivirais. Afinal, não adianta nada o novo remédio ir buscar os vírus em seus esconderijos se depois não tiver quem seja capaz de completar o serviço de destruí-los.

Embora não seja uma tecnologia tão "perfeita" quanto a do SB-728-T – já que o tratamento com engenharia genética promete, além de curar, imunizar as pessoas contra o HIV –, os "caça-tatu" são considerados mais promissores, por serem mais simples de se oferecer a grandes populações. Trata-se de apenas acrescentar mais um comprimido ao esquema de tratamento, afinal.

Além das linhas de pesquisa descritas aqui, há várias outras frentes de estudo na direção da cura da AIDS. As experiências são tantas, no momento, que até quem acompanha o assunto de perto anda tendo dificuldades para se manter informado sobre tudo. Só nos Estados Unidos, estão sendo desenvolvidos, no momento, cerca de 40 medicamentos e vacinas para o tratamento e a prevenção do HIV/AIDS. Agora, acreditam os especialistas, é só questão de tempo. Não muito tempo.

A cura da AIDS é a notícia mais esperada por muitas pessoas que já vivem com o HIV. E, quando chegar, fará diferença não só na vida desses indivíduos, mas de todo mundo: afinal, quanto menos gente portadora do vírus da AIDS houver por aí, menor a chance de novas pessoas se contaminarem. Ou seja, o tratamento curativo poderá, de fato, reverter a epidemia de vez.

Neste momento, os "cientistas-atletas" que estão em busca da "medalha da cura da AIDS" estão na frente daqueles que correm pela "medalha da vacina anti-HIV". Todas as tentativas de criar uma substância capaz de conferir imunidade preventiva ao vírus da AIDS realizadas nas últimas três décadas deram com os burros n'água. A maior parte das vacinas preventivas é feita com base no uso de vírus e bactérias vivos e atenuados, ou fragmentos deles, como forma de estimular a produção de anticorpos pelo organismo contra esses mesmos vírus e bactérias. Tentar criar uma versão atenuada do HIV e injetá-lo em pessoas para testar se funciona é arriscado demais, pois se trata de um vírus muito traiçoeiro. As tentativas têm sido feitas, portanto, com base no uso de fragmentos virais – o que não deixa de ser bastante complicado.

Como já dissemos anteriormente, o HIV é um vírus altamente mutante. Por isso, é quase impossível escolher para compor a vacina partes do vírus que sejam comuns a todas as variações de HIV. E é aí que a coisa enrola: se o vírus que infecta uma pessoa sofre alterações justamente nos fragmentos usados na composição da vacina, ele deixa de ser reconhecido pelos anticorpos criados – e aí a vacina não funciona.

Mas, à parte o futuro que está por vir, em termos de novos remédios e vacinas, o que os cientistas já conseguiram com o tratamento existente hoje – o bom e velho coquetel – foi transformar algumas pessoas portadoras da AIDS em "controladoras de elite". Na verdade, por caminhos diferentes dos trilhados pelos controladores de elite "naturais", médicos foram capazes de bloquear a infecção por HIV em alguns indivíduos, ministrando-lhes o coquetel de forma ultraprecoce e temporária. Esses sujeitos vêm conseguindo manter o vírus em quantidades baixíssimas no sangue – níveis indetectáveis, em muitos casos – há vários anos, mesmo depois de terem interrompido o uso dos remédios.

Pelo menos 15 pessoas já foram submetidas a procedimentos desse tipo, até o momento: um bebê norte-americano, do estado do Mississippi, que contraiu o HIV de sua mãe, durante a gestação, em 2010, e 14 adultos franceses diagnosticados com o HIV no final dos anos 1990 e início dos anos 2000.

O "bebê do Mississippi"[100] – uma menina nascida de 35 semanas – foi o primeiro caso de "controle do HIV pós-tratamento" relatado na história, em março de 2013. Os médicos descobriram, já durante o trabalho de parto normal, que a mãe da criança era HIV-positiva. O diagnóstico foi feito por meio de um teste rápido. A mãe não havia recebido tratamento durante a gestação, pois desconhecia sua condição de HIV-positiva.

O procedimento-padrão, nesses casos, seria ministrar ao bebê, a partir de seu nascimento e durante um mês, doses do medicamento AZT para tentar evitar que o vírus o contaminasse – a chamada profilaxia pós-exposição. Era o que os médicos tinham intenção de fazer, quando se deram conta de que o hospital rural onde o bebê nasceu não dispunha da versão líquida do remédio, própria para crianças. O bebê foi então transferido para o Centro Médico da Universidade de Mississippi, onde trabalha a pediatra Hannah Gay, especialista no tratamento do HIV.[101]

Gay avaliou que, como a mãe da criança não havia sido submetida a nenhuma medida para prevenir a transmissão materno-infantil, a criança correu um risco muito grande de se contaminar. Por isso, em vez de lhe ministrar o tratamento-padrão, resolveu já iniciar o uso do coquetel, a combinação de três remédios tradicionalmente usados no tratamento das pessoas com HIV. O tratamento foi introduzido quando a criança tinha apenas 30 horas de vida. A amostra de sangue colhida do bebê logo antes de ele receber a primeira dose dos remédios confirmaria, alguns dias depois, que ele havia mesmo adquirido o vírus da mãe.

Outros quatro testes feitos nas horas e semanas subsequentes confirmaram que a criança apresentava o vírus da AIDS no organismo. Com os remédios que estava recebendo, no entanto, a quantidade de HIV no sangue foi diminuindo até atingir um patamar indetectável, quando a criança completou 29 dias de vida. A menina não foi amamentada por sua mãe, para diminuir as chances de contaminação.

O bebê seguiu em tratamento até um ano e meio de idade. Foi aí que, por questões de foro íntimo vividas pela mãe, teve o tratamento interrompido. A mulher só retornou ao serviço de saúde da Universidade do Mississippi cinco meses depois. Os médicos se puseram, então, a refazer os exames de praxe antes de reiniciar o tratamento. E, para surpresa geral, descobriram que a criança ainda estava sem sinais do vírus no sangue, mesmo tendo ficado tanto tempo sem tomar os remédios. Normalmente, basta uma semana de interrupção no tratamento para a carga viral voltar a subir.

A pediatra Hannah Gay se juntou, então, a especialistas da Escola de Medicina da Universidade Johns Hopkins, considerada uma das melhores do mundo, para fazer testes mais sensíveis na criança. Vasculharam o bebê do Mississippi de cima a baixo e continuaram encontrando resultados negativos para a presença de HIV. Um artigo publicado na prestigiosa revista científica *The New England Journal of Medicine*, em novembro de 2013, dava conta de que a menina havia completado três anos de vida e continuava livre do vírus da AIDS. Estava há um ano e meio sem tomar os medicamentos do coquetel.

Durante todo esse tempo, as evidências científicas alimentaram a esperança de que a criança poderia estar curada.

A explicação para o sucesso desse caso seria a seguinte: a criança foi tratada tão precocemente que não houve tempo de o vírus se esconder nos reservatórios, ou seja, em locais inatingíveis aos remédios. Então, quando os medicamentos acabaram de aniquilar o vírus da circulação sanguínea, não havia reservas para repor a carga viral no sangue.

Mas novos exames realizados em julho de 2014, quando a criança estava prestes a completar 4 anos de idade, jogaram um balde de água fria na esperança de que ela estivesse livre do vírus da AIDS. O HIV voltou a ser detectado em seu sangue, dois anos após a interrupção do tratamento. Além disso, suas células CD4 do sistema imunológico, afetadas pelo vírus, voltaram a cair. Um sequenciamento genético do vírus indica que a infecção que afeta a menina agora é a mesma adquirida da mãe, durante a gestação.

Apesar da reviravolta no caso do bebê do Mississippi, o princípio do tratamento que lhe foi aplicado não está totalmente descartado. Uma segunda pesquisa, feita em maior escala e durante mais tempo, reforça a tese da cura a partir do tratamento ultraprecoce. Realizado pelo Instituto Pasteur, de Paris, e coordenado por cientistas que participaram da descoberta do vírus da AIDS três décadas atrás, o estudo VISCONTI[102] – sigla, em inglês, para Controle Viro-imunológico Sustentado após a Interrupção do Tratamento – foi publicado duas semanas depois do caso do bebê do Mississippi. A investigação francesa diz respeito à situação de 14 adultos diagnosticados com HIV no final dos anos 1990 e início dos anos 2000 que começaram a ser tratados muito cedo, no máximo 70 dias após terem contraído o vírus.

Quase todos esses sujeitos apresentaram os sintomas característicos da fase aguda da infecção pelo vírus da AIDS. São manifestações semelhantes às de uma gripe forte – febre, cansaço, aumento dos gânglios, náusea, diarreia, dor de cabeça, dor nos músculos e nas articulações – que costumam surgir cinco a 30 dias após a contaminação pelo HIV e duram, em média, duas semanas.[103] Nem todas as pessoas manifestam esses sinais logo depois que adquirem o vírus da AIDS – ou apresentam sintomas tão brandos que não chegam a procurar um médico. Foi o fato de esses sujeitos terem apresentado sintomas iniciais fortes que deu o alerta para o diagnóstico precoce, segundo os próprios autores do estudo.

Uma vez diagnosticados, os 14 pacientes passaram a tomar o coquetel imediatamente. Com três meses de medicação, já conseguiram reduzir a presença do vírus no sangue a níveis indetectáveis. Aos poucos, foram recompondo suas células de defesa. E seguiram no tratamento por vários anos, até que interromperam o uso dos remédios. Desde então, já se passaram sete anos. E 13 dos 14 indivíduos continuam com o vírus sob controle (oito deles permanentemente indetectáveis, e os demais com quantidades virais muito baixas no sangue). Doze dos 14 participantes vêm também conseguindo manter em patamares saudáveis as células CD4, responsáveis por coordenar a defesa imunológica.

A explicação para esses casos segue a mesma linha do que aconteceu com o bebê do Mississippi: o tratamento foi iniciado tão precocemente que deu pouco tempo para o vírus criar seus reservatórios. Também houve pouco tempo para o HIV sofrer mutações e desenvolver resistência aos remédios – o que favoreceu uma boa resposta aos medicamentos. O fato de a infecção ter sido tratada bastante cedo também preservou a saúde do sistema imunológico e facilitou a restauração das defesas do organismo. Tudo isso combinado fez com que os adultos franceses também conseguissem mimetizar a reação dos controladores de elite e atingissem a chamada "cura funcional".

Os cientistas mais conservadores preferem falar em "remissão da infecção", em vez de "cura", porque os pacientes franceses ainda têm vestígios do HIV no corpo – embora estejam conseguindo manter o vírus sob controle há vários anos, sem tomar remédios e sem ter a saúde afetada por ele.

Embora seja bastante difícil reproduzir as condições do estudo VISCONTI na vida real – já que a maioria das pessoas só descobre que tem HIV meses ou anos depois de contraírem o vírus –, a pesquisa deu um passo importante, ao lançar para os estudiosos do assunto a seguinte questão: quem, no universo das pessoas com HIV, poderia interromper o tratamento um dia?

Os próprios autores do estudo já começaram a tentar responder essa pergunta. Analisando uma base de dados de 3.500 pacientes HIV-positivos franceses, eles mapearam aqueles que iniciaram o uso do coquetel até seis meses após o contágio e continuaram tomando os remédios por pelo menos um ano. Em seguida, filtraram os que, por algum motivo, interromperam o tratamento. Por fim, identificaram aqueles que conseguiram manter baixa a concentração do vírus no sangue por até dois anos, sem os remédios. Com base nessa avaliação, os autores do VISCONTI estimaram que algo entre 5% e 15% dos pacientes com HIV que começam a tomar os remédios cedo talvez possam interromper o tratamento com segurança, algum dia.

Estudos muito mais amplos ainda são necessários para confirmar essa hipótese, claro. Se você toma medicamentos anti-HIV, não tente fazer isso em casa. Ou seja, não interrompa o uso dos remédios por sua conta. Isso pode trazer danos à sua saúde e dificultar a retomada do tratamento depois. Nesse momento, continuar tomando o coquetel ainda é a melhor alternativa. Não se pode negar, no entanto, que essa é mais uma fonte de esperança para quem sonha em poder se ver definitivamente livre da AIDS um dia.

A virologista francesa Françoise Barré-Sinoussi, que ganhou o Prêmio Nobel por ter feito parte da descoberta do vírus causador da AIDS, na década de 1980, fez questão de reafirmar uma posição otimista em relação à cura da doença, mesmo após a reviravolta no caso do bebê do Mississippi. Num artigo publicado no site do jornal britânico *The Guardian*, Françoise escreveu:

> O anúncio [sobre o bebê do Mississippi] vai, sem dúvida, ser visto por alguns como um retrocesso na busca por uma cura do HIV. Não precisa ser. Precisamos aceitar os altos e

> baixos no nosso percurso. Temos uma prova de conceito de que uma cura para o HIV é possível no paciente de Berlim, Timothy Brown [...]. Temos também o caso do grupo francês Visconti [...]. Depois de quase dez anos sem tratamento, eles estão mantendo o vírus sob estrito controle (tradução nossa).

O que o caso do bebê ensina, ela completa, é que "para alcançar a remissão do HIV a longo prazo provavelmente teremos de atacar o problema em várias frentes – reduzindo tanto quanto possível o número de células de longa duração infectadas de forma latente, bem como reforçando a defesa do hospedeiro. Uma coisa não pode ser feita sem a outra".[104]

A marcha da cura é irreversível. E a esperança nunca esteve tão viva.

Notas de referência

[1] INSTITUTO NACIONAL DE CÂNCER JOSÉ ALENCAR GOMES DA SILVA (INCA). HPV e câncer: perguntas mais frequentes. Disponível em: <http://www1.inca.gov.br/conteudo_view.asp?id=2687>. Acesso em: 28 jan. 2014.

[2] TALESE, Gay. *A mulher do próximo: uma crônica da permissividade americana antes da era da Aids*. Tradução de Pedro Maia Soares. São Paulo: Companhia das Letras, 2012. p. 166-167.

[3] TALESE. *A mulher do próximo: uma crônica da permissividade americana antes da era da Aids*, p. 72.

[4] TALESE. *A mulher do próximo: uma crônica da permissividade americana antes da era da Aids*, p. 72.

[5] LINS, Regina Navarro. *O livro do amor*. 2. ed. Rio de Janeiro: BestSeller, 2013. v. 2, p. 270.

[6] TALESE. *A mulher do próximo: uma crônica da permissividade americana antes da era da Aids*, p. 167.

[7] TALESE. *A mulher do próximo: uma crônica da permissividade americana antes da era da Aids*, p. 197.

[8] LINS. *O livro do amor*, p. 271.

[9] ROTELLO, Gabriel. *Comportamento sexual e AIDS: a cultura gay em transformação*. Tradução de Lauro Machado. São Paulo: Summus, 1998. p. 74.

[10] ROTELLO. *Comportamento sexual e AIDS: a cultura gay em transformação*, p. 80.

[11] ROTELLO. *Comportamento sexual e AIDS: a cultura gay em transformação*, p. 80.

[12] ROTELLO. *Comportamento sexual e AIDS: a cultura gay em transformação*, p. 80.

[13] AND the Band Played on. Direção: Roger Spottiswoode. Filme produzido para o canal de TV HBO. Estados Unidos, 1993. Disponível em: <http://www.youtube.com/watch?v=DIHy4_31Db4>. Acesso em: 12 ago. 2013.

[14] SHILTS, Randy. *And the Band Played on: Politics, People, and the AIDS Epidemic*. 20th anniversary edition. New York: St Martin's Griffin, 2007. E-book.

[15] AND the Band Played on.

[16] AIDS.gov. A Timeline of Aids. Disponível em: <http://aids.gov/hiv-aids-basics/hiv-aids-101/aids-timeline/index.html>. Acesso em: 8 ago. 2013.

[17] SONTAG, Susan. *Doença como metáfora; AIDS e suas metáforas*. Tradução de Rubens Figueiredo. São Paulo: Companhia das Letras, 2007. p. 104.

[18] AIDS.gov. A Timeline of Aids.

[19] MUKHERJEE, Siddhartha. *The Emperor of All Maladies: a Biography of Cancer.* Nova York: Scribner, 2010. p. 14.

[20] ROTELLO. *Comportamento sexual e AIDS: a cultura gay em transformação,* p. 65.

[21] ROTELLO. *Comportamento sexual e AIDS: a cultura gay em transformação,* p. 144.

[22] ROTELLO. *Comportamento sexual e AIDS: a cultura gay em transformação,* p. 82-83.

[23] SOCIEDADE BRASILEIRA DE INFECTOLOGIA. O risco de transmissão do HIV durante o sexo anal é 18 vezes superior ao do sexo vaginal. Disponível em: <http://www.infectologia.org.br/default.asp?site_Acao=mostraPagina&paginaId=134&mNoti_Acao=mostraNoticia&NoticiaId=19711>. Acesso em: 7 ago. 2013.

[24] ROBIN, Bell. ABC of Sexual Health: Homosexual Men and Women. *British Medical Journal,* v. 318, n. 7181, p. 452-455, 13 Feb. 1999. Disponível em: <http://www.ncbi.nlm.nih.gov/pmc/articles/PMC1114912/>. Acesso em: 7 ago. 2013; MOSHER, William D.; CHANDRA, Anjani; JONES, Jo. Sexual Behavior and Selected Health Measures: Men and Women 15-44 Years of Age, United States, 2002. *Advanced Data from Vital and Health Statistics,* v. 15, n. 362, p. 1-55, Sept. 2005. Disponível em: <http://www.cdc.gov/nchs/data/ad/ad362.pdf>. Acesso em: 7 ago. 2013; SEIDMAN, S.; RIEDER, R. A Review of Sexual Behavior in the United States. *American Journal of Psychiatry,* v. 151, n. 3, p. 330-341, 1 Mar. 1994. Disponível em: <http://www.ncbi.nlm.nih.gov/pubmed/7619092>. Acesso em: 7 ago. 2013.

[25] ROBIN. ABC of Sexual Health: Homosexual Men and Women.

[26] ROTELLO. *Comportamento sexual e AIDS: a cultura gay em transformação,* p. 113.

[27] ROTELLO. *Comportamento sexual e AIDS: a cultura gay em transformação,* p. 96-97.

[28] BOLETIM EPIDEMIOLÓGICO: HIV/AIDS. Brasília: Ministério da Saúde, v. 2, n. 1, 2013. Disponível em: <http://www.aids.gov.br/sites/default/files/anexos/publicacao/2013/55559/_p_boletim_2013_internet_pdf_p__51315.pdf>. Acesso em: 2 dez. 2013.

[29] INSTITUTO PATRÍCIA GALVÃO. *Mulheres com HIV/AIDS: elementos para a construção de direitos e qualidade de vida.* Dossiê. São Paulo: Instituto Patrícia Galvão, 2003. Disponível em: <http://www.giv.org.br/publicacoes/dossie_mulheres_com_hivaids.pdf>. Acesso em: 9 out. 2013.

[30] BOLETIM EPIDEMIOLÓGICO: HIV/AIDS. Brasília: Ministério da Saúde, v. 3, n. 1, 2014. Disponível em: <http://portalsaude.saude.gov.br/

images/pdf/2014/dezembro/01/boletim-epidemiologico-hiv-aids-2014.pdf>. Acesso em: 2 dez. 2014.

[31] UNAIDS. *Chegando a zero: estratégia para 2011 a 2015*. Brasília: UNAIDS, 2010. Disponível em: <http://www.unaids.org.br/biblioteca/Plano%20Estrat%E9gico%20do%20UNAIDS%202011-2015_PORTUGU%CAS.pdf>. Acesso em: 10 out. 2013.

[32] BOLETIM EPIDEMIOLÓGICO: HIV/AIDS. Brasília: Ministério da Saúde, v. 3, n. 1, 2014.

[33] ORGANIZAÇÃO MUNDIAL DA SAÚDE. Gender Inequalities and HIV. Disponível em: <http://www.who.int/gender/hiv_aids/en/>. Acesso em: 14 ago. 2013.

[34] ORGANIZAÇÃO MUNDIAL DA SAÚDE. Gender Inequalities and HIV.

[35] INSTITUTO PATRÍCIA GALVÃO. *Mulheres com HIV/AIDS: elementos para a construção de direitos e qualidade de vida.*

[36] MINISTÉRIO DA SAÚDE. Secretaria de Vigilância em Saúde. Departamento de DST, Aids e Hepatites Virais. *Pesquisa de conhecimentos, atitudes e práticas na população brasileira de 15 a 64 anos 2008*. Organização de Ana Roberta Pati Pascom, Marcela Rocha de Arruda e Mariângela Batista Galvão Simão. Brasília: Ministério da Saúde, 2011. Disponível em: <http://www.aids.gov.br/sites/default/files/anexos/publicacao/2009/40352/pcap_2008_f_pdf_13227.pdf>. Acesso em: 11 out. 2013.

[37] INSTITUTO PATRÍCIA GALVÃO. *Mulheres com HIV/AIDS: elementos para a construção de direitos e qualidade de vida.*

[38] INSTITUTO PATRÍCIA GALVÃO. *Mulheres com HIV/AIDS: elementos para a construção de direitos e qualidade de vida.*

[39] VOLBERDING, Paul A. *et al. Sande's HIV/AIDS Medicine: Medical Management of AIDS 2013.* 2nd ed. Philadelphia: Elsevier, 2012. p. 485.

[40] UNAIDS. *Chegando a zero: estratégia para 2011 a 2015.*

[41] BOLETIM EPIDEMIOLÓGICO: HIV/AIDS. Brasília: Ministério da Saúde, v. 3, n. 1, 2014.

[42] UNAIDS. *2013 Progress Report on the Global Plan towards the Elimination of New HIV Infections among Children by 2015 and Keeping Their Mothers Alive*. 2013. Disponível em: <http://www.unaids.org/en/media/unaids/contentassets/documents/unaidspublication/2013/20130625_progress_global_plan_en.pdf>. Acesso em: 2 dez. 2013.

[43] BOLETIM EPIDEMIOLÓGICO: HIV/AIDS. Brasília: Ministério da Saúde, v. 3, n. 1, 2014.

[44] MESQUITA, Fábio. 10 fev. 2014. Entrevista concedida por e-mail a Naiara Magalhães.

[45] BOLETIM EPIDEMIOLÓGICO: HIV/AIDS. Brasília: Ministério da Saúde, v. 3, n. 1, 2014.

[46] BOLETIM EPIDEMIOLÓGICO: HIV/AIDS. Brasília: Ministério da Saúde, v. 3, n. 1, 2014.

[47] BOLETIM EPIDEMIOLÓGICO: HIV/AIDS. Brasília: Ministério da Saúde, v. 3, n. 1, 2014.

[48] BOLETIM EPIDEMIOLÓGICO: HIV/AIDS. Brasília: Ministério da Saúde, v. 3, n. 1, 2014.

[49] SOCIEDADE BRASILEIRA DE INFECTOLOGIA. O risco de transmissão do HIV durante o sexo anal é 18 vezes superior ao do sexo vaginal.

[50] BOLETIM EPIDEMIOLÓGICO: HIV/AIDS. Brasília: Ministério da Saúde, v. 3, n. 1, 2014.

[51] BOLETIM EPIDEMIOLÓGICO: HIV/AIDS. Brasília: Ministério da Saúde, v. 3, n. 1, 2014.

[52] BOLETIM EPIDEMIOLÓGICO: HIV/AIDS. Brasília: Ministério da Saúde, v. 6, n. 1, 2009. Disponível em: <http://www.aids.gov.br/sites/default/files/publicacao/2009/boletim2009_final_pdf_24513.pdf>. Acesso em: 11 out. 2013.

[53] BOLETIM EPIDEMIOLÓGICO: HIV/AIDS. Brasília: Ministério da Saúde, v. 6, n. 1, 2009.

[54] BOLETIM EPIDEMIOLÓGICO: HIV/AIDS. Brasília: Ministério da Saúde, v. 3, n. 1, 2014.

[55] BOLETIM EPIDEMIOLÓGICO: HIV/AIDS. Brasília: Ministério da Saúde, v. 3, n. 1, 2014.

[56] WORLD HEALTH ORGANIZATION. Regional Office for South-East Asia. *Laboratory Guidelines for Enumerating CD4 T Lymphocytes in the Context of HIV/AIDS*. New Delhi, WHO, June 2007. Disponível em: <http://www.who.int/hiv/amds/LaboratoryGuideEnumeratingCD4TLymphocytes.pdf>. Acesso em: 28 ago. 2013.

[57] DE SANTI, Alexandre *et al.* Enfim, a cura da AIDS. *Superinteressante*, n. 321, p. 32-41, ago. 2013.

[58] WORLD HEALTH ORGANIZATION. 10 Facts on HIV/AIDS. Disponível em: <http://www.who.int/features/factfiles/hiv/facts/en/index3.html>. Acesso em: 28 ago. 2013.

[59] NATIONAL INSTITUTES OF HEALTH. AIDS Database. Disponível em: http://science.education.nih.gov/supplements/nih1/diseases/activities/activity5_aids-database2.htm. Acesso em: 29 ago. 2013.

[60] VOLBERDING *et al. Sande's HIV/AIDS Medicine: Medical Management of AIDS 2013*, p. 19.

[61] GARCIA, Mauricio. Por que o mosquito não transmite a SIDA?. 2007. Disponível em: <http://papodehomem.com.br/por-que-o-mosquito-no-transmite-a-sida/>. Acesso em: 29 ago. 2013.

[62] KALICHMAN, S. C.; DI BERTO, G.; EATON, L. Human Immunodeficiency Virus Load in Blood Plasma and Semen: Review and

Implications of Empirical Findings. *Sexually Transmitted Diseases*, v. 35, n. 1, p. 55-60, 2008. Disponível em: <http://www.ncbi.nlm.nih.gov/pubmed/18217225>. Acesso em: 29 ago. 2013.

[63] McCUTCHAN, J. Allen. Infecção pelo vírus da imunodeficiência humana. In: BEERS, Mark H. (Org.). *Manual Merck de informação médica: saúde para a família*. São Paulo: Roca, 2009. p. 1247-1254.

[64] STERLING, Timothy; CHAISSON, Richard E. General Clinical Manifestations of Human Immunodeficiency Virus Infection (Including the Acute Retroviral Syndrome and Oral, Cutaneous, Renal, Ocular, Metabolic, and Cardiac Diseases). In: MANDELL, Gerald L.; BENNETT, John E.; DOLLIN, Raphael. *Mandell, Douglas and Bennett's Principles and Practice of Infectious Diseases*. Philadelphia: Elsevier, 2010. p. 1705-1726.

[65] MUCIDA, Daniel. Faculty Bio. Disponível em: <http://www.rockefeller.edu/research/faculty/labheads/DanielMucida/>. Acesso em: 3 set. 2013.

[66] MUCIDA. Faculty Bio.

[67] BUENO, Eduardo. *À sua saúde: a Vigilância Sanitária na História do Brasil*. Brasília: Anvisa, 2005. p. 37.

[68] BUENO, Eduardo. *À sua saúde: a Vigilância Sanitária na História do Brasil*, p. 38.

[69] WORLD HEALTH ORGANIZATION. Tuberculosis: Fact Sheet n. 104. Disponível em: <http://www.who.int/mediacentre/factsheets/fs104/en/>. Acesso em: 26 set. 2013.

[70] WORLD HEALTH ORGANIZATION. Global Health Observatory. Number of Deaths Due to HIV/AIDS. Disponível em: <http://www.who.int/gho/hiv/epidemic_status/deaths_text/en/>. Acesso em: 18 fev. 2014.

[71] MARTINS, Roberto de Andrade; MARTINS, Lilian Al-Chueryr Pereira. Infecção e higiene antes da teoria microbiana: a história dos miasmas. Disponível em: <http://www.ghtc.usp.br/server/pdf/ram-Miasmas-Sci-Am.PDF>. Acesso em: 17 set. 2013.

[72] FAUCI, Anthony S.; MORIS, David M. The Perpetual Challenge of Infectious Disease. *The New England Journal of Medicine*, v. 366, n. 5, p. 454-462, 2 Feb. 2012. Disponível em: <http://www.nejm.org/doi/full/10.1056/NEJMra1108296>. Acesso em: 17 set. 2013.

[73] WORLD HEALTH ORGANIZATION. *Global Update on HIV Treatment 2013: Results, Impact and Opportunities*. 2013. Disponível em: <http://apps.who.int/iris/bitstream/10665/85327/1/WHO_HIV_2013.9_eng.pdf>. Acesso em: 18 set. 2013.

[74] SCHEFFER, Mário. *Coquetel: a incrível história dos antirretrovirais e do tratamento da aids no Brasil*. São Paulo: Hucitec; Sobravime, 2012. p. 39.

[75] SCHEFFER. *Coquetel: a incrível história dos antirretrovirais e do tratamento da Aids no Brasil*, p. 40.

[76] SCHEFFER. *Coquetel: a incrível história dos antirretrovirais e do tratamento da Aids no Brasil*, p. 44.

[77] THE UK COLLABORATIVE HIV COHORT (UK CHIC) STUDY STEERING COMMITTEE. Rate of AIDS Disease or Death in HIV-infected Antiretroviral Therapy-naïve Individuals with High CD4 Cell Count. *AIDS*, v. 21, n. 13, p. 1717-1721, 20 Aug. 2007. Disponível em: <http://www.ncbi.nlm.nih.gov/pubmed/17690569>. Acesso em: 24 set. 2013.

[78] NATIONAL INSTITUTES OF HEALTH. AIDS Database.

[79] NATIONAL INSTITUTES OF HEALTH. AIDS Database.

[80] ALCÂNTARA, Eurípedes. Enfim, a esperança. *Veja*, n. 1452, 10 jul. 1996. Disponível em: <http://veja.abril.com.br/idade/em_dia_2001/reportagens/reportagem_aids.html>. Acesso em: 20 set. 2013.

[81] SCHEFFER. *Coquetel: a incrível história dos antirretrovirais e do tratamento da Aids no Brasil*, p. 49.

[82] WORLD HEALTH ORGANIZATION. *Global Update on HIV Treatment 2013: Results, Impact and Opportunities.*

[83] GUIGUET, Marguerite. Effect of Immunodeficiency, HIV Viral Load, and Antiretroviral Therapy on the Risk of Individual Malignancies (FHDH-ANRS CO4): a Prospective Cohort Study. *The Lancet Oncology*, v. 10, n. 12, p. 1152-1159, Dec. 2009. Disponível em: <http://www.thelancet.com/journals/lanonc/article/PIIS1470-2045(09)70282-7/fulltext?_eventId=login>. Acesso em: 24 set. 2013.

[84] GUIGUET. Effect of Immunodeficiency, HIV Viral Load, and Antiretroviral Therapy on the Risk of Individual Malignancies (FHDH-ANRS CO4): a Prospective Cohort Study.

[85] PIOT, Peter; QUINN, Thomas C. Response to the AIDS Pandemic: A Global Health Mode. *The New England Journal of Medicine*, v. 368, n. 23, p. 2210-2218, 6 June 2013. Disponível em: <http://www.nejm.org/doi/full/10.1056/NEJMra1201533>. Acesso em: 23 set. 2013.

[86] BOLETIM EPIDEMIOLÓGICO: HIV/AIDS. Brasília: Ministério da Saúde, v. 3, n. 1, 2014.

[87] BOLETIM EPIDEMIOLÓGICO: HIV/AIDS. Brasília: Ministério da Saúde, v. 3, n. 1, 2014.

[88] SCHEFFER. *Coquetel: a incrível história dos antirretrovirais e do tratamento da Aids no Brasil*, p. 163.

[89] BRASIL. Ministério da Saúde. 30 anos de luta contra a AIDS. Disponível em: <http://portalsaude.saude.gov.br/images/pdf/2014/dezembro/01/oferta-de-tratamento.pdf>. Acesso em: 2 dez. 2014.

[90] BRASIL. Ministério da Saúde. 30 anos de luta contra a AIDS.

[91] UNAIDS. 1 de dezembro de 2014. Disponível em: <http://www.unaids.org.br/>. Acesso em: 3 dez. 2014; UNAIDS. Fact Sheet. Disponível em: <http://www.unaids.org/en/resources/campaigns/2014/2014gapreport/factsheet>. Acesso em: 3 dez. 2014.

[92] BOLETIM EPIDEMIOLÓGICO: HIV/AIDS. Brasília: Ministério da Saúde, v. 3, n. 1, 2014.

[93] MESQUITA, Fábio. 10 fev. 2014. Entrevista concedida por e-mail a Naiara Magalhães.

[94] BOLETIM EPIDEMIOLÓGICO: HIV/AIDS. Brasília: Ministério da Saúde, v. 2, n. 1, 2013.

[95] BRASIL. Ministério da Saúde. 30 anos de luta contra a AIDS.

[96] SCHEFFER. *Coquetel: a incrível história dos antirretrovirais e do tratamento da Aids no Brasil*, p. 156.

[97] HIGHLEYMAN, Liz. CROI 2013: Zinc Finger Gene Therapy Leads to Durable T-Cell Recovery, Sangamo Says. 11 Mar. 2013. Disponível em: <http://www.hivandhepatitis.com/hiv-treatment/hiv-cure/4025-croi-2013-zinc-finger-gene-therapy-leads-to-durable-t-cell-recovery-sangamo-says>. Acesso em: 16 dez. 2013.

[98] JUNE, Carl H. *et al.* Gene Editing of CCR5 in Autologous CD4 T Cells of Persons Infected with HIV. *The New England Journal of Medicine*, v. 370, n. 10, p. 901-910, 6 Mar. 2014. Disponível em: <http://www.nejm.org/doi/pdf/10.1056/NEJMoa1300662>. Acesso em: 17 Mar. 2014.

[99] JUNE, Carl H. *et al.* Gene Editing of CCR5 in Autologous CD4 T Cells of Persons Infected with HIV.

[100] LUZURIAGA, Katherine *et al.* Absence of Detectable HIV-1 Viremia after Treatment Cessation in an Infant. *The New England Journal of Medicine*, v. 369, n. 19, p. 1828-1835, 7 Nov. 2013. Disponível em: <http://www.nejm.org/doi/full/10.1056/NEJMoa1302976#t=article>. Acesso em: 17 dez. 2013.

[101] LUPKIN, Sydney. What You Haven't Heard About the HIV Baby's 'Cure'. *ABC News*, 24 Oct. 2013. Disponível em: <http://abcnews.go.com/Health/doctors-longer-hiv-baby-cured/story?id=20671079>. Acesso em: 17 dez. 2013.

[102] ROUZIOUX, Christine *et al.* Post-Treatment HIV-1 Controllers with a Long-Term Virological Remission after the Interruption of Early Initiated Antiretroviral Therapy ANRS VISCONTI Study. *Plos Pathogens*, v. 9, n. 3, p. 1-12, 13 Mar. 2013. Disponível em: <http://www.plospathogens.org/article/info%3Adoi%2F10.1371%2Fjournal.ppat.1003211#references>. Acesso em: 16 dez. 2013.

[103] MINISTÉRIO DA SAÚDE. Aids: etiologia, clínica, diagnóstico e tratamento. Disponível em: <http://bvsms.saude.gov.br/bvs/publicacoes/Aids_etiologia_clinica_diagnostico_tratamento.pdf>. Acesso em: 17 dez. 2013.

[104] BARRÉ-SINOUSSI, Françoise; LEWIN, Sharon. A Proof of Concept for an HIV Cure Exists. Now Even Our Setbacks Are Useful. Disponível em: <http://www.theguardian.com/commentisfree/2014/jul/21/a-proof-of-concept-for-an-hiv-cure-exists-now-even-our-setbacks-are-useful>. Acesso em: 11 nov. 2014.

Este livro foi composto com tipografia Bembo e impresso
em papel Pólen Bold 90 g/m² na Gráfica EGB.